LES
VERITABLES MOTIFS
DE
MESSIEVRS ET DAMES
DE LA SOCIETE'
DE NOSTRE DAME
DE MONREAL,

Pour la Conuersion des Sauuages de la nouuelle France.

M. DC. XXXXIII.

LES
VERITABLES MOTIFS
DE MESSIEVRS ET DAMES DE
la Societé de N. Dame de Monreal,

Pour la Conuersion des Sauuages de la nou-
uelle France.

PREMIER MOTIF.

PVISQVE c'est le dessein de Dieu d'appeller au salut tous les hommes, manifester le Sacrement de sa Sagesse cachée en luy deuant les Siecles, & publier le mystere de sa Bonté à toutes les Nations de la terre, & qu'à cet effect il a laissé vne Eglise au monde qu'il a choisie du monde, & honorée du nom d'Espouse, pour estre la Mere de tous les viuans; c'eſt à dire ceux qui croiront & receuront les paroles de vie par elle, afin de les aſſembler, vnir & lier d'vne ſaincte & eternelle Communauté, les polir, former, & faire trouuer, & rendre dignes vaiſſeaux de la grace de ſa gloire; & puiſque comme vne vraye Eſpouſe ne reſpire autre choſe que de correſpondre aux bons plaiſirs de ſon tres-cher Eſpoux, ſans eſpargner aucune peine, ni biens, ni vie pour amplifier ſa puiſſance, & faire courir ſon nom & ſes armes par le monde; Ainſi cette ſaincte & douce Mere & maiſtreſſe témoigne ne rien tant deſirer de nous, que de nous faire cooperer auec ſon Eſpoux celeſte, à la reduction de tous Infideles en ſa bergerie, ſuiuant le commandement qui luy en a eſté fait en la perſonne de ſes premiers Diſciples & Apoſtres d'enſeigner l'Euangile ſans diſtinction à toute creature raiſonnable, qui paſſoit en obligation de s'acquitter de cette charge, ſous peine de l'indignation diuine, ainſi que S. Pol s'eſcrie, *Malheur à moy ſi ie ne preſche l'Euangile, parce que i'y ſuis neceſſairement obli-*

gé. C'eſt donc vne ſaincte, meritoire & loüable affection, & marque de predeſtination, de contribuer auec les Paſteurs Euangeliques & miſſionnaires des Infideles à l'accompliſſement d'vn ſi ſainct ouurage.

Et comme les membres du corps n'agiſſent que pour la conſeruation & ornement du Chef dont dépend leur vie, & que les bons ſoldats ne ſouhaittent autre choſe que de reſpandre glorieuſement leur ſang pour les deſſeins de leur General & Capitaine, ainſi puiſque noſtre Tout-puiſſant General, Chef & Maiſtre, inuite tous ſes ſoldats & membres de ce corps myſtique à vne ſi heureuſe conqueſte, il s'enſuit que de ſe rendre coadiuteur de ſes bons plaiſirs, non ſeulement c'eſt choſe d'edification, mais vtile, neceſſaire, glorieuſe & de benediction eternelle à tous ceux qui s'y employent.

Et bien que tous ne ſoient pas pour eſtre ſoldats, c'eſt à dire propres pour aller attaquer l'ennemy dans ſes tranchées, comme font les Eccleſiaſtiques, les Laiques, neantmoins comme Eſpouſez de Ieſus-Chriſt,

enrollez par le sainct Baptesme en sa mi-
lice , sont obligez en ceste qualité de rechercher à luy plaire , & pendant que les
autres sont auant dans la meslée , se tenir
humblement dans le camp, pour au besoin assister les combatans , chacun de ce
qui peut & sçait faire. Et encores qu'à l'é-
gard des personnes Seculieres , ce commandement d'aller par le monde n'obli-
geast pas precisement, il est toutefois veritable que les Apostres & premiers Disciples
n'ont entrepris tant de voyages & missions
par toute la terre, ny leurs successeurs ius-
ques à nous , sans y auoir esté assistez des
premiers Chrestiens Seculiers , tant de Iudée & Grece, que de la ville de Rome, qui
possedoit lors tant de richesses , que d'elle
seule par la ferueur de ces ames heroïques
qui auoient les premices du S. Esprit, & le
droict d'ainesse au partage des thresors spi-
rituels de l'Eglise , la pluspart des nations
ont receu la lumiere de la Foy , & sont
entrez en la communication des graces admirables du Royaume de nostre Redemption, iusques-là que ces ambassadeurs di-

uins se laissoient suiure par fois , & seruir par de sainctes femmes , tant pour condescendre à leur deuotion , & les laisser participer à la vertu de leurs merites , que pour estre en quelque façon déchargez en leurs fatigues des soucis des necessitez temporelles ; à quoy ce sexe deuot a vne grace , addresse & tendresse particuliere.

Comme ils auoient veu pratiquer à nostre Sauueur leur bon Maistre , qui ne dedaignoit de receuoir ce sainct Office de plusieurs Dames vertueuses qui l'accompagnoient en ses voyages penibles ; tant ce Seigneur a pour agreable les moindres seruices qui se rendent aux Predicateurs de son Euangile , & s'il l'a trouué bon en ce sexe si delicat , qui a-il à reprendre , si des personnes de pieté & de condition cooperent de leur pouuoir & moyens à l'establissement si salutaire du Royaume de l'Eglise en vn païs abandonné aux demons depuis tant d'années , dans vne ignorance inuincible des remedes de son salut?

Aussi ceste saincte æmulation de s'appliquer au dessein de faire porter le flambeau

de la verité eternelle par le monde, a esté si
cultiuée par les Laiques de la primitiue E-
glise, que l'Histoire Ecclesiastique nous en-
seigne, qu'aprés le martyre ils ne tenoient
rien tant à honneur, que d'estre employez
par les Peres de l'Eglise en quelque mission laborieuse, perilleuse, & de dépense extraordinaire, comme d'estre enuoyez en
France, Espagne & Allemagne, & autres
païs infideles en ces temps-là, où les vns
seruoient en personne, pendant que les autres à Rome auoient la conduite & le soin
des choses qui leur estoient necessaires. Ce
qui s'obserue assez par les anciens Marty-
rologes, où il se voit plus de Laiques martyrs que d'Ecclesiastiques, qui se laissoient
accompagner d'eux en leurs missions, estant
bien certain que les Laiques n'y alloient
pas pour prescher, & ne s'ingeroient de l'e-
xercice de cette diuine faculté reseruée aux
Ecclesiastiques, dont les Seculiers prenoient
le soin pour les necessitez de leur vie, suiuant l'ordonnance de nostre bon Maistre,
qui defend le soin temporel aux vns, signi-
fiant neantmoins aux autres sa volonté, que
le Ca-

le Catechiste fuſt ſuſtenté & ſoulagé de ſes
peines ; de ſorte qu'il n'y a point de ſiecle
iuſques à nous, que Dieu n'ait pourueu de
temps en temps de ſemblables meſſagers
Apoſtoliques , & de perſonnes Seculieres
qui les aſſiſtoient , contribuans auec eux à
la conuerſion des Payens par tout où ils
eſtoient enuoyez, pour defricher la terre
infidele.

Ce que Dieu a diſpoſé en cette façon, afin
que ces grands hommes conſacrez au ſeruice de Dieu par le charactere Sacerdotal, riches & puiſſans en graces celeſtes, mais dé-
pourueus des temporelles. Les Seculiers au
contraire , pourueus auec abondance des
temporelles, mais indigens des ſpirituelles.
La haute & rigoureuſe pauureté de ceux-
là fut releuée de la ſuperfluité de ceux-cy ;
& que l'indigence ſpirituelle des Seculiers
fut ſuppleée des richeſſes de grace de ces
ſainᵗs ouuriers: c'eſt à dire, iuſqu'à ce que
ſelon les ſentimens de S. Pol, les vns & les
autres fuſſent ſuffiſamment meublés de ce
qui leur manque, & qu'il y eut en tous vne
tres-iuſte egalité, fondement aſſeuré de leur

B

Chreſtienne ſocieté, ſans laquelle il n'y a
rien de durable ; ce que nous deuons imiter
pour entrer en cette grande Communauté
des graces de l'Egliſe Epouſe de Ieſus-Chriſt
noſtre Chef & Capitaine, pour participer à
l'honneur de ſon triomphe, & aux fruicts de
ſes victoires. Et comme il n'y a point de
Communauté au monde ſans participer aux
biens & aux maux, à la perte & au profit,
aux peines & aux plaiſirs, il n'eſt pas auſſi
raiſonnable, de voir les bras croiſez auec
des yeux tous ſecs, les mains percées, &
douleurs que noſtre Epoux & Capitaine a
employez à la conqueſte du monde, ſans
nous mettre en quelque deuoir d'y compatir auec luy, non ſeulement en ſuppor-
tant ce qui ſe paſſe en nous, & prés de
nous, mais encore éleuans noſtre eſprit aux
fins admirables de la charité, & aux deſſeins de ſa venuë en la terre, & en tant
qu'à nous eſt, y cooperant ce que chacun
peut & doit faire, s'il veut auoir part aux
droicts & auantages promis aux epouſes
fideles qui doiuent eſtre autant d'abeilles
ingenieuſes à inuenter les moyens d'eſten-

dre l'empire de cette saincte Communauté à la gloire de son Maistre. Ce qui ne se
peut, sans faire voler par le monde sa parole, sans enuoyer des ouuriers où besoin est,
sans les y entretenir du necessaire ; autrement, comment illumineront-ils ces aueugles éloignez de nous, s'ils ne preschent ?
Comment prescheront-ils, si on ne les enuoye? comment les enuoyera-on, si on ne
les nourrit? comme les nourrir, si on n'y
contribuë? comment y contribuer, si on ne
se communique, & si on ne s'vnit ensemble
d'vn lien de charité des-interessee, operatri-
ce d'infinis effects aux bonnes ames, & re-
ialliffante à sa viue source l'amour diuin qui
les pousse & qui les lie.

Si les Chrestiens de la primitiue Eglise qui
nous ont annoncé la Foy, soit Grecs, Iuifs,
ou Romains, euffent esté aussi indifferens
que nous en la propagation d'icelle, s'ils
euffent voulu attendre qu'elle euft esté pu-
bliée & receüe en leur païs par toute l'I-
talie, & la Grece auant venir à nous? qu'euft-
ce esté de nous? sinon que peut-estre nous
pensons que Dieu n'est venu que pour nous

& pour nos feſtes delicates, & deuotions à la mode, par leſquelles nous nous imaginons de meriter, non ſeulement les honneurs, plaiſirs, & les richeſſes de la terre, mais encores que Dieu nous en doit de reſte, & qu'auec cela nous ne laiſſerons pas d'entrer dans les ioyes de ſa felicité eternelle, pendant que nous voyons & negligeons ces pauures ames infortunées, qui ſemblent eſtre oubliées de Dieu & des hommes en cette vie & en l'autre; Si cela ſeroit iuſte, Meſſieurs, iugez-le en conſcience, & au poids du Sanctuaire, auquel eux & nous ſerons vn iour pezez.

Et afin que perſonne ne s'eſtime excuſable du ioug de cette ſaincte & neceſſaire ſocieté à quiconque veut eſtre ſauué, qu'on ne diſe pas, ie ne ſuis pas riche, ie ne ſçai rien faire, ou i'ay affaire ailleurs, Non; mais plutoſt, que le riche contribuë ſelon ſa puiſſance & ſa prudence; le puiſſant de ſa faueur, l'homme d'eſprit de ſon conſeil & induſtrie, & le pauure de ſes vœux & de ſes prieres, & parce qu'il ne ſuffit pas de releuer les exemples de l'ancienne Egliſe

iufques à nous, fi nous ne payons de raifon les plus difficiles, difons que ce fainct
defir d'amplifier le feruice de Dieu doit
eftre auffi naturel à l'homme, que le boire
& le manger, entant que l'vfage de cette
vie ne fubfifte que pour faire place à vn
autre, où la feule gloire de Dieu eft la viande de l'ame, & partant obligée à la procurer, non feulement en ce qu'elle peut operer, mais en toute l'eftenduë de ce qu'elle
peut defirer, tant à caufe des obligations
infinies de fa creation & dependance fouueraine de fon Createur, que pour l'amour
& obeiffance qu'elle doit à fon Redempteur, à tout ce qu'il aime & aimera, & à
tout ce qu'il fait & fera, fans qu'il luy foit
loifible, à peine de peché, d'auoir de propos deliberé affection contraire à la fienne, à raifon de fa volonté, qui eft la regle
de fa Iuftice, & qui fe fouftrairoit de cette
fienne volonté, fignifiée aux hommes, feroit iniufte. Et fur cette veüe tant de faincts
Martyrs, Confeffeurs, Docteurs & Apoftres
ont illuminé le monde, les vns de l'effu-
fion de leur fang, & les autres des faincts

exemples de leur vie.

C'eſt ce qui a eſté annoncé , non ſeulement par les Propheres, que le temps vien-
droit où Dieu ſeroit adoré par tout le monde, & que depuis le plus petit iuſqu'au plus
grand , chacun auroit la cognoiſſance de
ſon Nom , que le bruit des victoires de ſes
Lieutenans & Soldats retentiroit aux quatre coins de la terre; Ce que noſtre Seigneur le iour de ſon admirable Aſcenſion
recommanda particulierement à ſes Diſciples par la derniere de ſes paroles, & ſcella
cette recommandation de ſa ſaincte benediction, qu'il voulut eſtendre à toutes les
miſſions de l'Egliſe, iuſqu'à la fin du monde ; & auparauant il nous auoit aduertis ,
que la conſommation ne ſeroit point, qu'il
n'euſt eſté annoncé par toute la terre , &
qu'il eſtoit venu pour y enuoyer le feu celeſte. Il ne dit pas ſeulement qu'il y venoit
mettre ce feu, mais qu'il venoit pour l'enuoyer, & pour en embraſer le monde. C'eſt
ce que les Apoſtres ont enſeigné , & de fait
& de viue voix ; & leurs ſucceſſeurs l'ont
ainſi eſcrit & preſché , & en tout temps

l'Eglise nous y admonefte, & à cet effect tant de promeffes qu'elle fait à ces ames genereufes, qui pour ce fuiet font facrifice de leurs biens & de leur vie. C'eft pour cela que les Pontifes Souuerains ont accordé de fi grands Priuileges & Indulgences, & qu'il y a tant d'Ordres Religieux; & c'eft pour ce bien là, que plufieurs Rois & Empereurs ont porté leurs armes hors leur eftat, & particulierement nos Rois tres-Chreftiens, & entr'eux le grand S. Louis, qui y a efté couronné d'vn glorieux & interieur martyre.

Et à prefent en nos iours tant de faincts mouuemens, infpirations & veües interieures qu'il plaift à Dieu en donner à quelques ames, dont il fe fert pour l'auancement de la Conuerfion des Sauuages, pour la fanctification & regeneration d'vn peuple noueau, pour vn affemblage de nations fous le culte de Dieu, fous la conduite de quelqu'homme Apoftolique, qui les menera dans les pafturages de la grace auec le bafton Paftoral, autant attendu que ce bien eft retardé par noftre froideur, à prier le

Seigneur de cette moiſſon, qui veut en
eſtre preſſé, ainſi qu'il l'a recommandé à
ſes Diſciples, & par eux à tous nous autres. Toutes ces choſes ſont autant de ſignes manifeſtes du bon plaiſir de ſa volonté, pour nous inuiter à l'aſſiſtance de ces pauures ames.

Si vn Roy s'eſtoit abbaiſſé iuſques à entreprendre quelque ouurage d'artifice, &
qu'il appellaſt vn artiſan pour trauailler auec
luy, quelle ioye à ce pauure homme ? comment redoubleroit-il ſon induſtrie & ſon
courage ayant l'honneur de communiquer
ſon trauail auec celuy de ſon Prince ? &

Voici le Roi des Rois qui aſſeure que la
fin du monde s'approche, c'eſt à dire, qu'a-
pres la predication de l'Euangile, tout doit
eſtre conſommé; il deſire de nous que nous
aydions à ſon œuure, pour auancer les
temps qu'il a promis du renouuellement
de toutes choſes, quel honneur refuſons-
nous ? de quel compte nous chargeons-
nous ? de quelque condition que nous ſo-
yons, Princes, Princeſſes, Seigneurs, Dames & Officiers, pauures & riches, Preſtres,

Docteurs

Docteurs & Pontifes; fans doute il le peut faire fans nous ; Mais comme il ne nous veut fauuer fans nous, aussi afin que nous ayons befoin les vns des autres, il a refolu de nous fauuer les vns par l'ayde des autres. Et bien qu'il fe foit referué à luy feul ce trefor incommunicable de creer des nouuelles chofes, si bien qu'il n'eſt pas au pouuoir de tous les Rois de la terre de creer feulement vne mouche, il a daigné neantmoins nous laiffer l'honneur & la dignité de pouuoir agir & produire auec luy d'autres chofes comme nous faifons en contribuant à la miffion des Infideles , afin que la fageffe de la Iuſtice de Dieu, foit autant iuſtifiée en ceux qui ne croiront pas , que le fera fa mifericorde , en ceux qui obeïront à fa parole.

Autrement , comment iugeroit-il le monde ? mais comment nous, le iugerions-nous qui par fa grace pretendons eſtre des Iuges, & iuger les Anges mefmes de iugement d'approbation auec luy? comment nous oferons-nous ingerer de iuger ces Infideles, à qui nous refufons la charité que les premiers Chreftiens nous ont faite auec la mefme condition qu'ils l'auoient receüe du Maiftre?

C'eft donc vn exercice digne des richeffes de la grace de Dieu, non receüe de tout le monde, mais de quelques ames choifies, qui voyent auec reuerence & plus d'attention ces veritez. C'eft vne fainte imitation de fuiure l'exemple de tant de faincts perfonnages ; c'eft le vray efprit de l'Eglife, les vœux & la doctrine des faincts Peres, & la pratique ordinaire d'icelle ; & ce fera vne benediction particuliere pour la ville de Paris, qui à prefent femble fucceder à la richeffe de Rome l'ancienne, de fuiure les fainctes traditions qu'elle luy a laiffé, puis qu'elle fçait fi bien l'imiter en fon ancien luxe. Et c'eft vne affaire de grande gloire à Dieu, ioye aux Anges, honneur aux Saincts, dignité à l'Eglife, feruice à la France, & de haut merite & falut pour nous de contribuer chacun, s'exercer & s'appliquer felon fes moyens, fon talent, & fa condition à la conuerfion des Infideles.

SECOND MOTIF.

SVppofé cette verité infaillible, que Dieu a pour agreable les feruices de ceux qui s'employent à procurer l'eftendüe de fon Nom, & la publication des merites de fon fang parmi les nations Payennes, & que les Laiques y peuuent eftre appellez en leur ordre, auec les autres felon la me-fure des graces que S. Pol appelle opitula-tions qu'il plaift à Dieu diftribuer aux mem-bres du corps myftique de fon Eglife.

Refte encores de fçauoir, où chacun de ceux qui y feront appellez, appliquera le zele, les fentimens & infpirations que Dieu luy en donne, parce que bien qu'il foit li-bre à tous & meritoire de defirer, & fouf-pirer pour vn fi glorieux emploi, l'execu-tion de noftre chois n'eft pourtant pas de noftre reffort, mais Dieu s'en referue le fe-cret, le temps, le lieu, & l'effect qu'il ti-re de l'ordre des fiecles, auec vne police admirable & œconomie diuine, qu'il ap-plique à chaque nation; comme vn fage architecte, qui peu à peu perfectionne vn

grand edifice ; & comme vn parfait Mede-
cin qui tempere les remedes, ainſi qu'il l'a
ordonné d'vne charité eternelle. Auſſi S.
Pol paſſant en l'Aſie, auoit reſolu d'y ſe-
iourner pour y preſcher, mais le ſainct Eſprit luy defendit d'y demeurer. Apres il fit
eſtat de s'en aller en Bitinie, mais ſainct
Luc rapporte que l'Eſprit de Ieſus ne luy
permiſt pas. Pourquoy cela ? ce ſont lettres
cloſes pour nous ; c'eſt que leur temps n'e-
ſtoit pas venu ; c'eſt qu'ils n'y eſtoient peut-
eſtre pas diſpoſez ; c'eſt que les autres peuples l'eſtoient dauantage ; c'eſt qu'ils en a-
uoient plus de neceſſité ; c'eſt que Dieu ſe
vouloit ſeruir d'autres ouuriers que de S.
Pol pour ces Prouinces, & l'enuoyer plus
loing ailleurs, comme il fit. Et de fait, incontinent apres, vn viſage Macedonien ap-
parut de nuict à l'Apoſtre, qui imploroit
ſon aſſiſtance au nom de la Prouince de
Macedoine, le ſuppliant de les viſiter. Et
auſſi-toſt bon gré malgré, il fallut que l'A-
poſtre quittaſt l'Aſie & Bitinie, pour Macedoine. S François eſtoit allé en la Ter-
re-ſaincte, pour preſcher aux Sarraſins qui

la poſſedoient lors, mais Dieu luy ordonna de s'en retourner. Ainſi de S. François Xauier, à qui Dieu fit cognoiſtre ſa volonté, luy donnant vn Indien à porter perpetuellement ſur l'eſpaule ; & apres auoir beaucoup trauaillé aux Indes, ſe voulant encores charger de ceux de la Chine, Dieu ne voulut pas, & quelque effort qu'il en fit, il n'y peut iamais entrer, l'heure de ceux-là n'eſtant pas venuë. Et tant d'autres Sainéts qui ont bruſlé du meſme zele, Dieu ſe contentant de leur bonne volonté; mais retenant à luy la meſure des temps & ſaiſons, pour faire fruéfier la ſemence de ſa parole, qu'il diſtribuë où il luy plaiſt, comme vne pluye que les vents & les nuées portent par toute la terre. Ainſi deuons-nous raiſonner ſur l'eſtat preſent de la nouuelle France; c'eſtoit à Dieu de choiſir ſon temps. Depuis 40. ou 50. ans en çà les François y ſont entrez, les commencemens ont eſté fort difficiles. Les Peres Recolleéts ont trauaillé des premiers à defricher cette terre d'infidelité. Les Peres Ieſuites leur ont ſuccedé, qui y continuent encores

C iij

auec beaucoup de fruict & efperance de
plus grands progrez à l'auenir; mais à prefent il femble que le Ciel fe declare de iour
en iour pour la nouuelle France, par beaucoup de preuues que fa diuine prouidence
y produit, auec des effects admirables, qui
font les marques plus ordinaires qui s'ob-
feruent pour fentir le bon plaifir de Dieu
en cette entreprife fi difficile. Et fi nous
nous arreftons à la prudence humaine, ie
puis dire, trop hardie & par deffus les forces de ceux qui s'en meflent, mais à qui
Dieu veut aider qui luy peut nuire? Si Dieu
veut maintenant appeller les Sauuages à
luy, & pouffer fes feruiteurs à les aider,
qui le pourra contredire? Nous auons fait
voir en general le deffein de Dieu, de faire prefcher fa gloire par tout le monde;
Mais comment? quand? & à qui? nous n'y
voyons rien, que dans les temps fucceffi-
uement; & peu à peu comme il luy plaift.
Les Canadiens ont efté iufques à noftre fiecle tenus dans l'ignorance de la Loy de
Dieu, pendant qu'elle rouloit les autres parties de la terre. Maintenant leur iour eft ve-

nu. Ie ne parle point des succez qui y lui-
fent defia par les foins, peines & perils des
Iefuittes qui y font; & par les charitez des
ames vertueufes qui leur contribuent, auec
Meffieurs de la grande Compagnie de la
nouuelle France, leurs Relations en font
pleines. Ie traicterai feulement du fuiet de
Monreal, ignoré iufques icy, & auquel les
vns & les autres ont bonne part.

Monreal eft vne ifle, ainfi appellée des
François, à caufe d'vne montagne agreable
ble qu'elle a au milieu. Elle a efté peuplee
autrefois, & depuis à caufe des guerres &
de l'enuie de fes voifins, abandonnée; pas
vn de ces peuples n'ayans eu la force ny
l'induftrie de fe la conferuer. Elle eft d'enuiron vingt lieuës de tour, beaucoup plus
longue que large, dans le grand fleuue de
S. Laurens, à foixante lieuës au deffus de
Quebec, en mefme degré de Soleil que la
Rochelle, à 45. de latitude, fertile en terres propres à labourer. prairies bois de toute efpece, abondans en venaifon de beftes
& oifeaux de plufieurs fortes, & ruiffeaux
qui arroufent le dedans de l'ifle, enuiron-

née de lacs , eftangs , & riuieres qui fe de-
chargent deffus & deffous dans ledit fleuue, toutes tres - poiffonneufes , par le moyen duquel & de fon eftendüe qui a plus
de trois cent lieües de cours , il eft facile
de penetrer vn iour aux nations les plus ef-
loignées, pour les efclairer de la lumiere de
l'Euangile , pendant qu'on trauaillera aux
plus proches de l'ifle , qui font bien iufques
au nombre de 80. petites Nations , dont
quelques vnes ont leur langue particuliere , & leur domicile fixe & arrefté ; & les
autres font vagabonds, cherchans leur vie
dans les bois , lacs ou riuieres.

Ce lieu auoit efté negligé par les François iufqu'à prefent , comme éloigné de
l'emboucheure de la mer , hors du flus , &
où les vaiffeaux ne pouuoient monter. Ce
qui les fit loger à Quebec la capitale, & le
fiege des affaires du païs , mais trop incom-
mode pour les Sauuages du haut païs qui
ne s'y peuuent habituer, ni defcendre fi bas
pour leurs traittes , & telle que fi elle n'eft
appuyée de quelqu'autre puiffante Communauté, la Conuerfion des Sauuages fera
pour

pour languir vn long cours d'années, sans
s'auancer, ainsi que l'experience nous fait
voir , & ces peuples ne se lieront iamais
autrement en Communautez dependantes
de quelque siege Episcopal pour la conduite de leur salut , qui est le dessein de
ce grand œuure, dont la dépense est assi-
gnée sur le tresor de l'espargne celeste, sans
qu'il soit à charge au Roy, au Clergé, ny
au peuple. Ainsi Dieu grand amateur du
salut des hommes, qui n'a pas seulement
la science des temps, mais des lieux com-
modes au bien de ses creatures, semble a-
uoir choisi cette scituation de Monreal a-
greable & vtile, non seulement pour la
subsistance de Quebec, dont elle dépend,
mais propre pour y assembler vn peuple
composé de François & de Sauuages qui
seront conuertis pour les rendre sedentai-
res, les former à cultiuer les arts mecha-
niques & la terre, les vnir sous vne mesme discipline, dans les exercices de la vie
Chrestienne, chacun selon sa force, complexion & industrie, & faire celebrer les
loüanges de Dieu en vn desert, où Iesus-

D

Chrift n'a iamais efté nommé, & n'ague-
res le repaire des demons ; & maintenant
par fa grace, fon domicile, & le delicieux
feiour de fes Anges.

La maniere de laquelle Dieu a daigné fe
feruir pour commencer cet ouurage, ne
fera peut eftre defagreable au Lecteur, fi
la modeftie de ceux qui s'en meflent me
permet, fans les nommer, d'en declarer
quelque chofe, afin que Dieu y foit glori-
fié.

Le deffein de Monreal a pris fon origine par vn homme de vertu, qu'il pleut à la
diuine Bonté infpirer, il y a fept ou huict
ans, de trauailler pour les Sauuages de la
nouuelle France, dont il n'auoit auparau-
uant aucune particuliere cognoiffance ; &
quelque repugnance qu'il y eut, comme
chofe par deffus fes forces, contraires à fa
condition, & nuifibles à fa famille. Enfin
plufieurs fois pouffé, & efclairé par des
veües interieures qui luy reprefentoient net-
tement les lieux, les chofes & les perfonnes dont il fe deuoit feruir apres vne longue patience, & plufieurs confeils & prie-

res , fortifié interieurement à l'entreprendre , comme feruice fignalé que Dieu de-
mandoit de luy , il fe rendit comme Sa-
muel à l'appel de fon Maiftre.

Il traitta de l'ifle de Monreal auec ceux
qui en auoient le droict, & contre leur premiere inclination , & leur propre intereft,
quelque refus & rebut qu'il receut d'eux,
fans fe relafcher , aprés deux voyages de fa
maifon en Dauphiné , & autres lieux, où
les Seigneurs de l'ifle eftoient , fans fçauoir
bien les vns & les autres lors ce qu'ils fai-
foient, luy retrocederent le droict qu'ils a-
uoient à Monreal, & quelques autres lieux
aux enuirons , à certaines conditions fort
honneftes & fauorables fous le bon plaifir de fa Majefté, qu'elle a depuis agreées,
dont il rendit graces à Dieu, qui luy auoit
pourueu en mefme temps d'vn compagnon , par la mefme voye de fes graces
pour luy aider à porter le faix ; car il ne
poúuoit feul bien commencer.

Mais comme il recherchoit les moyens
plus propres pour l'execution de fon entreprife, le diable qui craint eftre depoffe-

dé de ce qui luy reste de puissance entre les Infideles, ne manqua pas à luy dresser plusieurs batteries ; luy remettant souuent en l'esprit, pourquoy c'est qu'il ne se contentoit pas du bien & du repos qu'il auoit en sa famille, en son païs, sans se charger d'vn affaire qui ne passeroit au monde que pour vne temerité & folie; ce qu'il pensoit faire d'vne femme & de six enfans; qui c'est qui le faisoit mesler de telles choses sans appuy, sans doctrine, & sans moyens, ny apparence d'en auoir. Toutes les graces receuës de Dieu autrefois, les prieres & bonnes œuures faites pour cela estoient hors de sa memoire, auec vne peine d'esprit, amertume, degoust & tenebres interieures, telles qu'il ne pouuoit penser à autre chose qu'à se representer les croix & contradictions qui en deuoient arriuer, perils par mer & par terre, & vne dépense presque infinie qui l'épouuentoit, & mille autres difficultez, dont la moindre estoit suffisante pour luy faire lascher le pied, si Dieu ne l'eust soustenu, l'encourageant à luy rendre ce seruice, & à se confier en

son affistance. Il auoit befoin pour Monreal
de quelques perfonnes de choix , de vertu
& de conduite qui vouluffent trauerfer tant
de mers, & changer les delices & ciuilitez
de la France, auec les neiges & les folitu
des Sauuages de Canada ; chofe difficile à
rencontrer: Les ouuriers luy manquoient, &
plufieurs chofes neceffaires; mais Dieu y
ayant pourueu par des voyes peu communes, il n'a peu depuis douter qu'il ne voulut eftre ferui en cet affaire , qui fe paffa
comme il fera dict ci apres.

En 1641. comme il preparoit fon premier
equipage & magazin pour Monreal , fon
compagnon & lui auoient fouuent deman-
dé à Dieu quelques perfonnes pour la di-
rection & conduite de cette fienne nouuelle famille, qu'ils enuoyoient en cette ifle
inculte & abandonnée, Dieu leur en prefente deux en diuers temps, de fexe, condition & demeures differentes , & apres
auoir conferé auec le premier des deux, Gentilhomme de vertu & de cœur, & s'eftre ou-
uert de fon intention, il en fut fi touché,
qu'ils s'vnirent tellement enfemble , qu il

D iij

s'offrit de paſſer à Monreal , & y faire ſacrifice à Dieu de ſa vie , & de ce qu'il a-
uoit de plus cher en France.

L'autre fut vne Damoiſelle grande ſeruante de Dieu qu'il rencontra à la porte d'v-
ne Egliſe à la Rochelle , où il eſtoit allé
faire embarquer ce qu'il falloit pour Monreal, & s'eſtans tous deux ſalüez ſans s'eſtre
iamais veus ny oüy parler l'vn de l'autre, en
vn inſtant, Dieu leur imprima en l'eſprit vne
cognoiſſance de leur interieur & de leur
deſſein ſi claire que s'eſtans recognus , ils
ne peurent faire autre choſe que remer-
cier Dieu de ſes faueurs , & ayans communiqué quelque temps enſemble elle s'offrit
de paſſer à Monreal pour y ſeruir Dieu en
ces pauures Sauuages , à quoy depuis vn
long-temps Dieu l'auoit doucement diſ-
poſée; & pour ce ſujet elle s'eſtoit renduë
de Paris à la Rochelle. Mais il y auoit difficulté pour elle , n'eſtant pas ſeant à vne
fille, & de ſa condition, d'aller ſeule en vn
païs incognu, & vn lieu inhabité ſans cõ-
pagnie de ſon ſexe, & ſi il n'y auoit moyen
d'en trouuer ſi promptement ; le vaiſſeau

dans lequel elle deuoit paſſer, n'attendant que l heure de ſortir du port. Mais Dieu qui l'auoit ainſi ordonné, les tira bien-toſt de cette peine, parce que le meſme iour ils eurent aduis de leurs agens qui faiſoient embarquer le reſte de leurs gens en vn autre port, que deux des ouuriers retenus pour Monreal n'auoient iamais voulu s'embarquer ſans leurs femmes. Et meſme qu'vne vertueuſe fille du lieu fut ſoudainement ſi touchée pour aller à Monreal, que nonobſtant l'empeſchement & les remonſtrances qu'on luy faiſoit, elle entra de violence dans le vaiſſeau qui demaroit du port, reſoluë d'y aller ſeruir Dieu. Et ainſi la bonne Damoiſelle ne fut pas ſeulement aſſeurée d'y eſtre pourueuë de compagnie, mais d'y trouuer vne fidele aſſiſtante, comme elle auoit predit auant partir de Paris à deux Religieux, grands ſeruiteurs de Dieu, & à vne perſonne de grande pieté, à qui elle en auoit confié vn eſcrit, & de tout ce qui luy deuoit arriuer à la Rochelle, & en la nouuelle France, qui s'eſt trouué veritable, & conforme à la Relation de

l'année 1642. qu'on nous a enuoyée de Monreal, qui n'a esté veüe ny imprimée.

Il ne manquoit plus à l'equipage de Monreal qu'vn ouurier bien necessaire pour leur
logement dans l'isle, que l'on n'auoit peu
auoir à quelque prix que ce fust, & quelque diligence que l'on eust peu faire. Mais
Dieu qui n'oublie iamais ceux qui s'ou-
blient pour luy, & comme premiere cau-
se supplée à l'impuissance des secondes,
les releua, contre leur esperance, de cette
necessité, par vne rencontre digne d'estre
sceüe.

On leur rapporte en mesme temps qu'vn
autre de leurs principaux artisans dont ils
se tenoient asseurez, qui estoit tonnelier,
loüé pour passer à Monreal ; sous pretexte d'vne meilleure condition auoit esté débauché de leur seruice, & contre sa parole & son marché, auoit quitté le vaisseau
qui deuoit porter la famille de Monreal,
pour s'embarquer secrettement dans vn
autre qui en auoit besoin, & qu'estant parti du port de la Rochelle, il auoit pris le
deuant, & emmené leur tonnelier. Ce qui
obligea

obligea deux de ceux qui agiſſoient pour
Monreal, d'entrer auſſi-toſt dans vne cha-
loupe pour le recourre, s'ils pouuoient, ou
du moins ſommer le Capitaine du nauire.
Mais ils euſſent eu beau ramer apres, ſi
Dieu ne ſe fut mis de la partie, faiſant arreſter le vaiſſeau du tonnelier à la rade, faute de vent. Ce qui donna loiſir à la cha-
loupe de le ioindre, & ſe plaindre au Capitaine, qui en fin fit rendre le tonnelier,
qu'ils ramenerent. Mais Dieu n'en demeu-
ra pas là, parce que le vaiſſeau qui auoit
débauché le tonnelier eſtant parti de la rade, apres auoir leué les ancres auec vn vent
fort fauorable, à peine eut-il auancé quelques lieuës en mer, qu'il fut ſurpris, & tellement battu d'vne tempeſte, qu'elle luy
rompit ſon grand maſt, & le contraignit
de relaſcher au port d'où il eſtoit parti, &
congedier tout ſon equipage, dans lequel
il y auoit vn fort bon maiſtre Charpentier,
qui eſtoit ce ſeul ouurier que i'ay dit ci-
deſſus, manquer à ceux de Monreal, qui ſe
voyant inutile, s'offrit à eux ſi à propos,
qu'incontinent apres, contens & reſignez

E

à la grace de Dieu, bien pourueus de toutes chofes, ils partirent de la Rochelle pour Monreal, la tempefte n'ayant pas plus duré qu'il falloit pour faire que le Charpentier vint tomber entre leurs mains, lors qu'ils y penfoient le moins.

Qui n'admirera icy la fageffe de la Diuine prouidence, dont les œuures, c'eft fa parole, par où elle daigne ainfi fe laiffer entendre à fes feruiteurs en la conduite des effects qu'elle tire fi à propos des plus petites chofes?

On feroit trop long à décrire d'autres particularitez, qui font autant de tefmoins muets & irreprochables en faueur de cet ouurage. Ce qui eft arriué à vne Damoifelle de vertu & de condition, qui a paffé cette année auec Monfieur fon mari, fort vertueux Gentilhomme, guerie extraordinairement à Noftre-Dame de Paris, d'vne longue maladie iugée incurable des Medecins, auffi-toft qu'elle eut donné fon confentement auec fon mari pour aller à Monreal aider au foulagement des Sauuages, fans oublier la conuerfion de quelques ou-

uriers heretiques, au poinct qu'ils estoient
de s'embarquer pour Monreal , & d'autres personnes de condition de la ville de
la Rochelle , touchez de ces œuures de
Dieu, & du zele de ses seruiteurs, outre la
ioye & vnion de cœurs de ceux qui s'em-
barquoient pour cela. Le succez de deux
nauigations heureuses, sans la troisiesme,
dont on attend les aduis , leur establissement en l'isle fauorable , non toutesfois
sans quelques visites de Dieu en maladies,
& autres croix , espines & fatigues dont
les ouurages de Dieu sont tousiours assai-
sonnez. L'edifice d'vn fort de defense, d'vn
Hospital pour les malades , & d'vn logement desia capable pour soixante dix personnes qui y viuent, & que l'on augmente
tous les iours, auec deux Peres Iesuites qui
leur sont comme Pasteurs ; y ont Chapelle
qui sert de parroisse , sous le titre de No-
stre-Dame, à laquelle auec l'isle & la ville
qu'on y designe, sous le nom de Ville-Ma-
rie elle est dediée. On y faict le pain benist,
processions aux bonnes Festes ; le Salut du
S. Sacrement les Ieudy au soir au retour de

la iournée des ouuriers ; Exhortations , Bap-
tefmes des Sauuages , & Mariages quand il
s'en prefente & autres ceremonies de l'E-
glife , viuans la plufpart en commun, comme à vne maniere d'auberge , les autres de
leur reuenu en particulier , mais viuans tous
à Iefus-Chrift en vn cœur & vne ame re-
prefentans en quelque façon la forme de
la primitiue Eglife , dont en effect ils font
les membres ; Ioint à cela les Indulgences
plenieres depuis peu octroyees de noftre S.
Pere en faueur de la Societé de Monreal ,
tant icy qu'à ceux de la nouuelle France ,
font autant de lettres du Ciel enuoyées
aux François pour les affeurer de la volonté de Dieu en cet ouurage , & les animer
à la conquefte d'vne veritable toifon d'or,
par le changement de ces pauures animaux
Sauuages en Agneaux fpirituels. A quoy
les François femblent eftre fpecialement
appellez , puis que Dieu leur a donné auec
la poffeffion , la domination de ces terres
au grand bonheur & auantage de leurs anciens Maiftres , qui perdans la condition
miferable de leur fauffe liberté , ont acquis

& acquerrons celle des enfans de Dieu à leur gloire, ainſi qu'ils commencent à recognoiſtre par l'inclination que Dieu leur donne à preſent d'embraſſer les veritez de noſtre Foy; qui paroiſt en quelques-vns ſi forte, qu'ils nous accuſent du trop d'indifference pour l'honneur de noſtre Redempteur, & leur ſalut, de ne les pas ſecourir aſſez promptement pour les aſſembler, & les retirer de leur vie libertine & malheureuſe, dans l'exercice de laquelle il eſt difficile, quand ils ſeroient conuertis, qu'ils peuſſent touſiours garder toute l'obſeruance Chreſtienne, s'ils ne ſont aydez à s'eſtablir des domiciles perpetuels, à quoy le deſſein de Monreal eſt tres-vtile.

Ie ne m'eſtendray dauantage ſur ce qui s'eſt paſſé à Paris ces deux dernieres années, touchant le ſecours de la miſſion de Monreal, parce qu'on le ſçait aſſez; neanmoins à bien pezer la choſe, il n'eſt pas ordinaire, qu'vn homme ſeul autheur d'vn ſi haut & nouueau deſſein; luy eſtranger, incognu à Paris, ſans moyens, ſans appuy ny charmes de bien dire, en ſi peu de temps

ait esté receu & accueilly de tant de personnes de differentes conditions, d'esprit,
vertu, experience & credit, & assez difficiles pour ne se pas laisser aller à croire
legerement les choses : qu'il les ait persua-
dé & vnis ensemble d'vne saincte societé,
qui n'a but, obligation, ni interest que
d'vne pure charité, sinon que Dieu les y
eust poussez, inspirez, & appellez, qui se
sert de ces voyes, lors qu'il dispose des
choses grandes, assemblant des ames vertueuses, qui se tiennent bienheureuses &
indignes de penser d'estre éleües pour luy
rendre ce seruice, cooperans auec luy à l'e-
difice de son Eglise, à la consommation
de tant de Saincts qui restent encores à
entrer de la plenitude des nations en ses
demeures eternelles, preparées dés le commencement des Siecles.

TROISIESME MOTIF.

CE motif dépend de cette verité, que
les bonnes œuures spirituelles, entre
lesquelles la conuersion des ames est des
plus agreables à Dieu, non seulement sont

preferables aux temporelles (excepté le cas de precepte, c'eſt à dire vne neceſſité où il s'agiroit de la vie) mais que l'aumoſne qui a pour fin le ſalut des ames, participe au merite d'vn œuure pure ſpirituel, & ſe reueſt de la nature & qualité d'icelle. Pour l'intelligence de ce poinct, il faut obſeruer, que nous ne traittons pas icy des bonnes œuures, pures temporelles, dont l'intention de ceux qui les font ſeroit excluſiue actuellement ou habituellement de toute fin ſurnaturelle, comme ne donner l'aumoſne que par pure compaſſion naturelle, excluant la fin derniere qui eſt Dieu.

Mais nous parlons des bonnes œuures corporelles faites à l'intention de la fin derniere, qui neantmoins ne procurent à ceux qui les reçoiuent qu'vn benefice temporel, comme aſſiſter pour l'amour de Dieu, de ſa faueur quelqu'vn perſecuté iniuſtement, ou faire charité à vn pauure, c'eſt de celles-là dont il eſt icy queſtion. Car pour les premieres, elles ne meritent le nom de bonnes œuures entre les Chreſtiens, & ne ſont propres qu'aux Infideles, qui n'ayans pour fin que le bien de la nature, ne cognoiſſent autres vertus que les morales & naturelles.

Pour ſçauoir donc ce que c'eſt qu'vn œuure ſpirituel, il en faut iuger par ce qui les diſtingue d'auec les corporelles, car ce n'eſt point par leur principe, qui eſt la grace, iointe à noſtre volonté, ni par la fin derniere, qui eſt Dieu, ni par la maniere de les produire librement par le motif de charité; car les vnes & les autres eſtans meritoires ont toutes ces conditions. Mais elles ſont diſtinguées par les effects & fins prochaines, où elles tendent. En ſorte que celles qui regardent purement le bien du corps, ſont purement corporelles; celles qui touchent le bien de l'ame, ſont pures ſpirituelles; celles qui regardent l'vn & l'autre ſont corporelles & ſpirituelles. Ce qui n'eſt pas merueille, puiſque les cauſes & les actions ſe releuent par l'excellence de leurs effects & de leurs fins, & que la nobleſſe de ceux-cy fait iuger de la dignité de celles-là. Par exemple, vne aumoſne faite pour la conuerſion des Sauuages,

eſt coreſt corporelle , entant qu'elle va à l'entretien , ou des miſſionnaires , ou bien des Sauuages meſmes que nous attirons à la Foy par ce bienfait, toutefois à raiſon du motif & du ſujet auquel elle eſt interieurement appliquée, qui eſt le bien de l'ame elle eſt beaucoup plus ſpirituelle que corporelle , & participe au merite & à la recompenſe de l'œuure ſpirituelle. La raiſon en eſt, parce que l'action de l'aumoſne faite pour la conuerſion des ames, prouenant de noſtre liberté meüe de la grace, a deux actes, l'vn interieur , l'autre exterieur. L'obiet de l'acte interieur, c'eſt ſon motif & ſa fin prochaine , qui eſt le ſeul bien de l'ame. L'obiet ou fin de l'acte exterieur, c'eſt l'action de l'aumoſne, à laquelle noſtre volonté donne ſa forme , & ſe ſert de ce moyen , comme d'inſtrument pour faire ce bien , comme elle ſe ſert des membres du corps pour les actions exterieures qu'elle exerce, qui ne ſont vertueuſes & morales que par noſtre volonté qui les opere. Ainſi l'action de l'aumoſne eſt telle formellement que l'intention & la fin , & mater-

iellement, telle que son obiet exterieur
qui est corporel, & par consequent vne charité qui a pour fin le salut des ames, sera plus
spirituelle qu'vne autre qui n'aura qu'vne
fin toute temporelle, & participera au merite & à la valeur des œuures pures spirituelles, suiuant la doctrine que l'Eglise a appris
de son bon Maistre nostre Seigneur, qui receura vn Prophete en mon nom, aura le
merite du Prophete, & qui receura, c'est à
dire entretiendra celui que i'enuoyeray,
c'est tout ainsi que s'il me receuoit moy-
mesme. Car ces paroles ne s'entendent pas
seulement des Vicaires de son Eglise que
nostre Seigneur nous enuoye, auec puissance de iurisdiction sur nos ames, à qui
nous deuons obeïr comm' à luy-mesme,
mais aussi du secours que chaque fidele
peut & doit donner ou procurer à ceux
qui sement la parole de Dieu par le monde.

Aussi le fruict de ces œuures-là est bien
plus noble que des autres, qui est de cooperer à causer la grace de Dieu aux ames,
bien que quelquefois il arriuera qu'il n'en

viendra point de fruict, lequel n'eſt pas au
pouuoir de celuy qui plante ou qui ſeme,
mais de celuy qui comm'il luy plaiſt, y donne l'accroiſſement, & ſuffit que l'œuure
ſoit faite à l'intention du ſalut des ames,
pour en auoir autant de merite, que s'il en
eſtoit prouenu quelque fruict. Comme
auſſi en l'aumoſne corporelle il ſe peut faire que le pauure qui la receura en abuſera,
mais le fruict de celuy qui la fait ne ſe per-
dra pour cela ; & tout ainſi que l'honneur
& le ſeruice qui ſe rend à la perſonne du
Roy eſt plus noble & important que celuy
que ſes ſujets font aux plus grands de ſes
Officiers, bien que ce ne ſoit que pour
l'amour de leur Prince; ainſi l'œuure ſpirituelle qui tend à vnir les ames à Dieu, eſt
de plus haute eſtime que la corporelle, qui
ne s'applique qu'au ſeruice de la creature,
bien que ce ſoit pour l'amour du createur;
& comme la ſeruante ne ſubſiſte que par
rapport & dépendance de ſa maiſtreſſe ;
ainſi l'œuure corporelle ſeroit inutile pour
le Ciel, ſi elle ne ſe faiſoit pour ſeruir aux
ſpirituelles, c'eſt à dire au bien des ames

pour l'amour defquelles Dieu a creé & fait
toutes chofes à fa gloire; & s'il fe rencontre en vn œuure deux fins , elle ne vaudra
rien pour le falut , fi l'vne n'eft fubordon-
née à l'autre , c'eft à dire la corporelle à la
fpirituelle : fi bien qu'en concurrence de
deux neceffitez en vn fuiet , à l'vne defquelles nous pouuons feulement remedier,
nous fommes obligez de preferer la fpirituelle à la corporelle , d'autant qu'il faut
regler noftre amour felon que les creatures font plus ou moins vnies à Dieu ,
& l'ame eftant creée pour luy eftre plus
coniointe que le corps qui ne peut participer à la gloire de fon ame bienheureufe ,
finon par fon moyen , par la reflexion &
reialiffement de lumiere qu'elle refpandra
fur fon corps. Par cette raifon nous deuons foufmettre , non feulement noftre
corps & les commoditez temporelles au
bien de noftre ame , mais auffi au bien de
celle de noftre prochain , tant parce qu'elle
doit eftre coniointe à noftre ame en la
gloire d'vne maniere plus noble que noftre
ame à noftre corps mefme , que pource que

la perte de noſtre corps en telle occaſion,
non ſeulement eſt reparable, mais encores
glorieuſe & meritoire d'employer la vie
pour l'ame de noſtre prochain, dont la
perte eſt abſoluëment irreparable.

Ce qui nous ſert d'vne excellente inſtru-
ction, que comme vne ame glorieuſe par
la puiſſance de ſa gloire, peut en quelque
façon ſpiritualiſer ſon corps, nous pouuons auſſi ſi nous voulons, auec la force
de la grace ſpiritualiſer nos actions pour
les rendre pleines de ſubſtance de verité
& de grace, car le bien de la moindre grace de Dieu, eſt de telle valeur & dignité,
qu'il vaut mieux que tous les biens de la
nature que nous voyons & cognoiſſons
en ce monde ; & vne ſeule ame en grace
eſt plus precieuſe deuant Dieu que toutes
les choſes de la terre, & que tout vn monde rempli d'ames pechereſſes. Et comme
le dernier d'vn ordre ſuperieur a plus en ſoy
d'excellence & de dignité que le premier
d'vn autre ordre inferieur, ainſi tous les
biens de la nature eſtans finis, de peu de
durée, & de matiere corruptible, ſont d'vn

F iij

ordre inferieur à la plus petite grace qui a
son ordre superieur, surnaturel & vnissant
au souuerain bien infini, eternel & incor-
ruptible ; & les œuures spirituelles tenans
plus de la nature de la grace leur mere, &
tendantes au meilleur bien, sanctifient plus
les ames que les seules corporelles.

Par exemple, enseigner les ignorans de
leur salut, est vn œuure plus importante
que de les nourrir seulement; & tout de mesme contribuer à ce que les ignorans soient
instruits, est plus que de contribuer sim-
plement qu'ils soient nourris, & comme
entre les actes des œuures corporelles, il y
en a de plus nobles les vns que les autres,
aussi entre les actes des spirituelles, il y en
a de plus excellens les vns que les autres,
comme donner conseil pour le salut d'vne
ame, est vn œuure pure spirituelle, plus v-
tile que de le donner seulement pour vn
procez. Prier Dieu est vn œuure spirituelle,
& la seule de toutes par laquelle nous pouuons aumosner & faire bien à tout le monde, mais l'Oraison qui se fera pour le salut d'vn ame, est plus noble que pour vn

affaire de Cour. Ainſi ie vais conſoler vn
malade, en fin prochaine, parce qu'il eſt
mon ami; cet œuure déchet plus de la nobleſſe ſpirituelle, que d'aller conſoler &
aſſiſter vn malade, parce qu'il eſt eſtimé
fort vtile à l'Egliſe, au ſeruice de Dieu, &
ſalut des ames.

Ie fais la correction à quelque perſonne
inferieure, parce qu'eſtant meilleure & plus
ſage, elle s'auancera mieux au monde, ie
fais moins bien, que de la faire purement
pour le bien de ſon ame.

De là s'enſuit, que tant plus l'œuure eſt
ſpirituelle, tant plus ell'eſt agreable à Dieu,
& que c'eſt vn excellente pratique de ſpiritualiſer nos actions, exercices & aumoſnes tant qu'il ſe peut, en les appliquant
interieurement au bien de l'ame, où toutes nos œuures aboutiſſent. Mais comme
les œuures ſpirituelles ſont plus nobles,
plus vtiles & plus neceſſaires que les corporelles, celles-là regardans le remede de
l'eſprit, qui eſt plus important, & celles-
ci le remede du corps ſeulement; les ſpirituelles auſſi ſont plus difficiles en pratique,

parce que le fujet fur lequel elles s'employent eft plus fpirituel & tendant à Dieu ,
& partant plus pures , plus abftraites des
fens, inuifibles aux hommes & hors d'intereft & vaine gloire, & on obferue que ceux
qui s'exercent aux fpirituelles , lors qu'ils en
viennent aux corporelles , ils y reüffiffent
mieux que ceux qui ne s'appliquent qu'aux
corporelles , comme plus faciles & plus
communes que les autres; ainfi qu'vn efco-
lier d'vne plus haute claffe fçait mieux que
fon inferieur ce qui eft de la plus baffe; &
de fait, parlez vn peu à tel qui fera vn grand
aumofnier d'œuures corporelles , de fupporter vne difgrace furuenuë, ou perte de
charge , ou de pardonner quelque iniure
fignalee , il n'entendra point ce langage ,
parce que vous l'examinez vn peu trop fpiri-
tuellement, il ne s'y eft pas accouftumé, il
ne trouue pas cela fi aifé, que de tirer de fon
coffre fort , vn fac d'aumofnes. Que ces
mefmes chofes arriuent à vne ame habi-
tuée aux œuures fpirituelles, apres les fentimens qu'elle laiffera à la nature,que Dieu
ne deffend point, elle ne s'en fera que rire,
& fon

& fon interieur n'en fera pour cela , ni
plus abbatu , ni déreglé ; & ceci eft de telle importance en la conduite des ames ,
que ie n'eftime pas qu'il y ait vn plus
grand abus en la deuotion de ce fiecle de-
ftructiue , non feulement de la plus pure
charité (que S. Iacques appelle loy royale,
c'eft à dire digne d'vne ame pure & royale)
mais des plus feures maximes de noftre vie
Chreftienne , que de voir que les œuures
corporelles ont tellement gagné le deffus
fur les fpirituelles , que tel pour auoir plus
dequoy donner , ne fera point de confcien-
ce d'en prendre par où il pourra , & d'ar-
racher de ceux qui ne doiuent rien & qui
en ont bien grand befoin , pour diftribuer
ici & là ce qui ne luy appartient point,
& à qui il ne doit point : comme fi ce n'e-
ftoit pas vne plus magnifique charité & plus
de generofité , de méprifer pour l'amour
d'vn Dieu d'acquerir de grandes richeffes,
(content d'vne faincte mediocrité,) que d'a-
maffer des trefors pour en faire facrifice à
l'idole de fa volonté , fous apparence de
pieté. Grand aueuglement , mes freres &

sœurs, de chercher où il n'est pas, le Paradis, & ne le pas vouloir trouuer où Dieu l'a mis, suiuant l'oracle de sa bonté, qui adiuge plus de felicité à distribuer qu'à receuoir, non qu'il ait defendu ce qui nous est iustement deu; mais il veut dire, qui plus donnera, plus heureux sera; & qui receura ce qui me déplaist, ne pourra donner comm'il me plaist.

Et pour establir dauantage ces principes de pieté, nous pouuons dire que nostre Seigneur depuis sa Predication a plus vaqué aux spirituelles qu'aux corporelles, enseignant, conseillant, consolant, corrigeant, pardonnant les offenses, suportant les iniures, & priant incessamment, & si en prononçant la condemnation des riches reprouuez, il ne leur a reproché que le mespris de la misericorde corporelle, ce n'est pas qu'il ait negligé les spirituelles, autrement il faudroit dire qu'il auroit aboli le commandement de pardonner aux ennemis, & les autres qu'il a faits, ce qui n'est pas. Mais pour confondre dauantage les mauais riches il a daigné les conuaincre par

l'omiſſion des œuures les plus faciles & plus
conformes à la nature, c'eſt auſſi ce que
les Apoſtres ont dignement imité, comme
nous obſeruons en l'hiſtoire de leurs Actes,
lors qu'ils repreſenterent à l'aſſemblée des
fideles, qu'ils ne ſe deuoient diuertir de la
Predication de l'Euangile pour ſe charger
du ſoin de leurs neceſſitez temporelles. Et
à cet effect firent élire les ſept Diacres en
leur place; & depuis S. Pierre nous en a laiſſé vn beau reglement de vie en ſa ſecon-
de Epiſtre, comme s'il diſoit en ces mots,
que i'adreſſe à nos dignes freres & ſœurs
de la Societé Noſtre Dame de Monreal
pour leur plus grande conſolation & in-
ſtruction de continuer à bien faire;

Mes Freres & ſœurs, prenez garde de ne
pas tant preſumer de la dignité de voſtre
Foy, que vous ne l'accompagniez de vertu, c'eſt à dire en general, de bonnes œuures, & voſtre vertu, de ſcience ce don ex-
cellent du ſainct Eſprit, qui vous fera iuger ſainement des affaires de ce monde,
par les principes des veritez ſurnaturelles,
adiouſtez à la ſcience l'abſtinence, c'eſt à

dire, ne vous contentez pas de bien dire
& de bien faire, mais auffi abftenez-vous
de mal faire ; à l'abftinence vous deuez
ioindre la patience pour fupporter les efpines, afflictions & perfecutions de cette
vie. Auec la patience, il ne vous faut pas
manquer de pieté pour compatir à la mifere d'autruy, & à la pieté vniffez l'amour
de noftre commune fraternité, vacans a-
ctuellement à l'exercice des bonnes œuures corporelles ; mais apres tout cela vous
ne faites rien fi vous n'y employez la fageffe de la charité, c'eft à dire la grace des
œuures fpirituelles, fans lefquelles vous ne
pouuez confommer l'edifice de voftre fanctification en perfection. Mais parce qu'il
ne fuffit pas de fçauoir que les œuures fpirituelles font fi importantes, neceffaires &
difficiles, fi nous ne fommes inftruits, comment il en faut vfer, fans beaucoup diuertir de noftre fuiet, nous en communique-
rons ici quelques regles, non feulement
pour la pratique des fpirituelles, mais auffi
des corporelles, qui ne feront pas inutiles
à la conduite des ames vertueufes en l'e-

xercice de leurs bonnes œuures, pour faire
voir qu'elles font mieux appliquées, où il
y a plus de neceffité & de mifere. Ce n'eft
pas fans raifon que l'Efpoufe du Cantique
fe refiouït & fe prife tant de ce que fon
facré Efpoux a reglé les affections de fon
ame, parce que de ce reglement, qui eft le
plus grand don de Dieu en cette vie de dif-
cerner non feulement le bien du mal, mais
le bien du mieux pour aimer noftre Efpoux,
comme il veut, dépend toute la perfection
des ames. Et au contraire, il n'y a rien de
fi inutile, mal feant, & nuifible à la police
Chreftienne, qu'vne charité mal ordonnée,
c'eft comme vne marchandife meflée de
contrebande pour le Ciel, c'eft vne perle
parmi la boüe, c'eft vne lumiere en tenebres, Dieu ne la cognoift pour fa fille aif-
née, c'eft vne baftarde qui emprunte les
habits & parures de fa legitime fœur, pour
furprendre, fi elle peut la benediction qui
ne luy eft pas deüe; mais la pure & veritable charité c'eft comme vne armée de
bonnes œuures bien rangée, chacune y
garde fon rang & fes files, fans que les vnes

G iij

s'empreſſent, ny s'empeſchent l'vne l'autre, ni ſe foulent pour paſſer les vnes deuant les autres, autrement ce ſeroient des
fruicts de vipere, qui naiſſant feroient pe-
rir leur mere.

La preuue de ceci eſt, que la volonté de
Dieu eſtant la regle de ſa bonté, qui veut
bien faire à tout le monde, ſa ſageſſe neantmoins eſt directricede cette bonté, laquelle
n'a rien fait qui ne ſoit bien ordonné, les
creatures non ſeulement, mais leurs actions
& penſées ſont dirigées à bonne fin ; &
tout au bien des éleus, & les éleus pour ſa
gloire. Et bien que le mal de peché ne ſoit
pas ordonné de Dieu qui le defend, l'effect
de la contrauention à ſa defenſe eſt neantmoins ordonné au bien des éleus, & tout
ce qu'il y a de miſere cauſée par le peché,
& tous les maux de peine ſont enregiſtrez
dans les archiues de la diuine Prouidence, auant qu'ils puiſſent arriuer à nous,
mais auec vn tel ordre d'amour, que Dieu
ne nous en enuoye point, ſinon pour eſ-
preuue de noſtre patience, ou pour moyen
de perfection, ou pour remede & medecine

de nos fautes , de telle maniere qu'il n'eſt
pas ſeulement l'autheur du riche & de ſes
richeſſes(non toutefois du meſ-vſage qu'il
luy en permet de faire) mais encores il eſt
l'autheur & la cauſe du pauure & de ſa
pauureté & miſere , qu'il n'auroit iamais
faite, s'il ne l'en pouuoit & vouloit releuer, recommandant, comm'il a fait, au riche, le pauure, & faiſant ſa miſere ſienne,
en la rendant l'obiet de ſa miſericorde, qui
ſe plaiſt à faire éclater plus de ſecours où
il y a plus d'extremité & de miſere , afin
de l'en deliurer, ſuiuant les ordres qu'il en
a laiſſé aux hommes, ſuffiſans s'ils eſtoient
obſeruez, pour faire qu'il n'y euſt pauure
au monde qui ne peuſt eſtre ſoulagé, non
ſeulement au bien du corps , mais en celui
de ſon ame que noſtre Seigneur eſt venu
recommander de nouueau, amplifier & per-
fectionner, rafraichiſſant cette iuſte & ancienne recommandation du prochain , qui
eſtoit preſque effacée des hommes, quand
il eſt venu leur publier, qu'il leur laiſſoit
vn ordre nouueau de s'aimer les vns les
autres , en la meſme façon qu'il les auoit

aimez ; & comment les a-il aimez ? en donnant sa vie pour eux, & en secourant tousiours au besoin les plus miserables, afin de
nous obliger à faire le mesme, de façon que
si son ordre & son dessein estoit suiui, tant
par le moyen de tous les Princes vnis, que
par vne conduite Chrestienne de chaque
Prince en ses païs, & de leurs peuples bien
instruits, il se trouueroit assez de vertu &
de doctrine en l'Eglise, pour faire que tous
Infideles fussent aduertis & inuitez à la
foy, & assez de viures sur la terre, pour faire que chaque pauure fut à son aise, mais
il est escrit, que le monde ne l'a pas cognu,
& que lors qu'il viendra en terre, il trouuera peu de foy, c'est à dire peu de science
de cet ordre de charité, que l'homme doit
imiter en ses œuures, & non seulement
preferer l'ame à ce qui est du corps, mais la
plus grande necessité spirituelle à la moindre, dautant plus que le mal de l'ame qui
est le peché, est plus irreparable & important, & a besoin d'vn plus fort remede,
que le mal de la nature, de façon que le
bien que l'homme est obligé de faire au
prochain

prochain de la part de Dieu, doit estre reglé & bien ordonné, & il ne le peut mieux, qu'en secourant comme Dieu fait au besoin celuy qui a plus de misere & necessité, parce que comme il tient vn ordre en l'application des miseres, il en a aussi pourueu d'vn autre en l'execution des remedes. Et Iesus-Christ s'estant voulu mettre en la place du pauure, il est bien mieux representé en son estat de la Croix d'vn pauure plus chargé de croix, de misere que d'vn autre ; & comme les seruices faits à Iesus mourant en Croix, luy ont esté plus agreables que les autres, ainsi est-il de l'aumosne appliquee aux plus miserables, où quelquefois il y a plus d'auersion, & où tant moins il y a de raison humaine d'aimer l'obiet de misere, tant plus la nature se vuide, tant plus elle est remplie de grace, & l'aumosne en est plus pure, qui vient du seul motif d'aimer le Maistre de la Croix & de nos peines. Et qui feroit autrement, c'est comme si quelque bon Prince ordonnoit aux gens de ses Finances d'en distribuer aux plus necessiteux, & aux plus an-

H

ciens & mieux meritans de sa Cour, &
qu'ils en gratifiaffent les plus ieunes, riches & indignes, que feroit le Prince bien
informé de ces gens-là? Dieu n'en fera pas
moins de ceux qui trafiquent des aumofnes, les diuertiffent ou appliquent contre
les intentions de ceux, mais plutoft de celuy à qui elles font, qui leur a donné le
moyen, & prefcrit l'ordre de les faire lors
qu'il a dit, Si tu prepare vn banquet, prens
garde de ne te pas addreffer à tes parens &
riches amis qui n'ont befoin de cela, &
ont moyen de te le rendre, mais appelle
les pauures honteux, aueugles ou boiteux,
& ceux qui ne le peuuent recognoiftre,
c'eft à dire tous les plus neceffiteux.

Ce que la diuine fageffe nous enfeigne mefme par la lumiere de la nature, qui recourt
toujours aux maux les plus neceffaires, comme l'experience fait voir en nos infirmitez
corporelles. Si vn mêbre du corps eft malade, voyez comme la nature réueille toutes
les facultez de l'efprit, & remuë les orga-
nes du corps, pour y trouuer le remede,
& s'il y a deux membres malades, & qu'on

ne puiſſe pouruoir qu'à l'vn des deux à la
fois, l'art imitant la nature, en quittera l'vn
pour aider le plus indigent.

Ainſi aux choſes politiques, ſi dans l'eſtat
il paroiſt quelques Prouinces en peril, mais
l'vne plus que l'autre, le ſage Politic appliquera plutoſt ſes ſoins & les remedes à
celle qui eſt plus expoſée à la perte. Voila
ce que nous apprend la lumiere de la nature qui eſt comme vn precurſeur de ce que
doit faire en nous la grace pour la perfe-
ctionner; mais tant s'en faut qu'elle y peut
eſtre aidée par des œuures appliquées aux
membres de ce grand corps de l'Vniuers,
les moins neceſſiteux au preiudice des autres, qu'elle s'en trouueroit affoiblie. Il eſt
donc clair, que c'eſt ſuiure les ordres du
Maiſtre de la charité, de contribuer de ſes
ſoins aux obiects où il y a plus de neceſſité & de miſere, & particulierement aux en-
droits où cette miſere eſt cauſée par le peché originel, dont les Chreſtiens par la grace du Bapteſme, ſont exempts dés leur en-
fance, & partant plus coupables des pechez actuels qu'ils commettent, que les

Sauuages & Infideles, ruinez & rauagez au corps & en l'ame par le degaſt de ce mau-dit peché d'origine, pour le remede duquel noſtre Seigneur eſt principalement venu au monde, & par conſequent pour les Infide-les plus excuſables que les meſchans Chre-ſtiens, qui par leurs fautes ſe rendent in-dignes de la miſericorde qu'ils ont receuë au Bapteſme. Ainſi par exemple, ie vois la Communauté, ou le païs où Dieu m'a fait naiſtre, bien pourueu de Predicateurs & Adminiſtrateurs des Sacremens, & i'en ſçai vn autre, où tous ces ſecours là y man-quent, dont Dieu m'a donné cognoiſſan-ce ſuffiſante, ie ſuis plus obligé de l'emplo-yer au lieu où ie cognois qu'il y a plus de pauureté ſpirituelle, pour y faire voler le feu de ma charité.

En quoy il faut obſeruer, que nous n'en-tendons parler icy des ſuperieurs, qui ſont plus obligez où Dieu les a mis, ou de ceux qui dependent de la conduite d'autruy, comme tenus à l'obeiſſance, ſans laquelle le ſacrifice de leur charité ne feroit acce-pté, mais nous parlons des perſonnes libres,

au choix de leur employ & aumofnes, mais
nous pouuons raifonner encores fur ce fuiet en faueur des miffions des Infideles,
que le bien doit eftre diffufif de foy mefme, & tant plus il fe communique meilleur, bien il eft, & la fouueraine ioye du
fouuerain bien eft de fe communiquer foy-
mefme Ainfi l'homme qui a receu de Dieu
la participation de ce bien, auec vne inclination & ordre particulier à cefte communication ne doit point auoir plus de con-
tentement que de communiquer ce qu'il
a receu, & tant plus il en communique,
tant plus il reçoit de Dieu, qui luy four-
nit dequoy fe communiquer aux autres.
Ainfi vne ame qui communique fes foins,
fes peines & fa fubftance à plufieurs, a plus
de veüe & participation des graces de Dieu,
& plus d'onction fpirituelle qui l'appelle
& luy enfeigne ce qu'elle doit non feulement faire, mais ce qu'elle peut encore
mieux faire, qu'vne autre qui ne fe croit
appellée à communiquer qu'à peu & à peu
de perfonnes de ce que Dieu luy a donné;
celuy qui a vocation à trauailler à la con-

uerſioñ d'vñe Prouince, communique plus
qu'vn autre qui ne cultiue qu'vne parroiſ-
ſe. Ie ne parle pas ici des merites; a Dieu
ne plaiſe que nous nous amuſions à com-
parer les merites les vns des autres, dont
Dieu ſeul cognoiſt la valeur, mais ie dis
ſimplement, que la vocation de celuy qui
s'employe pour tout vn peuple, à laquelle
il correſpond fidelement, eſt plus vtile à
l'Egliſe & au bien des ames que de celuy
qui ne ſe croit appellé qu'à peu de choſe,
& encores pis pour luy, s'il ſe penſe appellé à plus grande choſe, & qu'il s'arreſte
à bien peu, dans la Politique meſme, où
Dieu donne talens differens. On y peut
obſeruer la meſme forme. Celuy qui a la
conduite d'vne ville, eſt eſtimé plus vtile à la Republique, ſelon ſon eſtat & ſa
charge, que celuy qui ne conduit qu'vne
Communauté ou vne famille; & ainſi de
celuy qui gouuerne vne Prouince, plus
que celuy qui ne gouuerne qu'vne ville,
ſuiuant la doctrine de l'Apoſtre, que les
perſonnes vertueuſes, tant plus elles ſont
publiques, dautant plus d'honneur & auan-

tages elles font dignes. Et ainfi celuy qui
fe charge volontairement de la conuerfion
d'vn nouueau peuple, fait plus de feruice
à l'Eglife, qu'vn autre qui ne trauaille qu'à
la conuerfion de quelques ames. Vn Me-
decin qui fecourt & guerit plus de malades fert plus que celuy qui en guerit moins.

Mais en concurrence de deux obiets auffi
neceffiteux & deftituez de fecours fpirituel
l'vn que l'autre, que fera-on? fi l'vn m'eft
vni de parenté, l'autre non, ie m'addreffe-
ray au parent le premier, à raifon du double fuiet que i'ay de l'aimer, & fi l'vn des
deux m'eft lié de quelqu'autre refpect, comme de mefme ville ou païs, ou autrement
amy & obligé. Par la mefme raifon ie le
prefererai à caufe de la concurrence des
liens qui fe rencontrent & s'accumulent
enfemble, & que iamais le motif de l'a-
mour qui vient de la grace, ne deftruit celuy de l'obligation naturelle, & entre deux
neceffitez égales en circonftances, dont
l'vn fera perfonne publique, ie le prefererai à l'autre, parce qu'ayant maniement dela
chofe publique, il me doit tenir lieu de pere,

& fi l'occafion s'en prefente, ie dois aider de mon pouuoir au bien de fon ame.

Et ce que nous auons dit de la neceffité fpirituelle a raport, mais non pas en tout à l'ordre qu'il faut garder en la pratique de la mifericorde corporelle, où nous fommes obligez de diftribuer les eaux de nos fources domeftiques, & les faire couler & diftiller au dehors en ruiffeaux fur les terres du prochain, felon qu'elles font plus ou moins feiches & infertiles. Par exemple, comm'il a efté dit, au rencontre de deux pauures, n'en pouuant fecourir qu'vn, ie prefere celuy qui me paroift plus neceffiteux, fans que neanmoins la recherche de leur neceffité foit exacte, fcrupuleufe, ni trop curieufe, ni inclinee aux perfonnes, mais fuffit que nous ayons vne cognoiffance toute fimple & telle que Dieu nous prefente : & encores nous ne difons pas que l'on y foit obligé à peine de peché, mais nous l'entendons feulement du bien au mieux, & des œuures qui font meilleures que les autres, ainfi qu'il y a des arbres de mefme efpece, qui portent de meilleur

fruict

fruict que les autres : mais, dira-on, ie ne
suis pas obligé d'éplucher toutes ces necessitez. Non, vous n'y estes point obligé
en particulier, mais vous estes bien obligé
en general, de sçauoir que vostre aumosne
sera mieux employée où il y a plus de necessité, & qu'en la distribution de vos charitez, vous deuez apprendre les volontez
du Maistre qui vous en a fait son tresorier
par l'instruction de son Eglise, & des officiers qu'elle vous enuoye.

Mais que ferai-ie, s'il se trouue deux necessitez égales en toutes leurs circonstan-
ces, puisque nous n'aimons le prochain
que pour Dieu. La regle de nostre charité
doit estre le mesme amour que Dieu luy
porte ; car encores que quant à la source
de son amour, il soit infini quant aux effects, neantmoins nous voyons que sa misericorde qui ne doit rien à personne, veut
du bien aux vns plus qu'aux autres, autrement elles seroient toutes égales, ce qui
n'est pas ; ce qu'il est besoin d'imiter pour
accomplir sa Iustice, qui rend à chacun ce
qui luy est deu, par laquelle les meilleu-

I

res creatures participent plus à fa beatitude que les autres. Et pour ce fuiet nous deuons aimer les obiets qui s'offrent à nous, felon que nous eftimons fimplement que les perfonnes font plus ou moins vnies à Dieu. Voila deux pauures dont i'en crois vn plus vertueux que l'autre , ne pouuant fatisfaire à tous deux, ie prefereray le plus vertueux, comme plus agreable à Dieu ; & s'ils me femblent également vertueux , fi l'vn des deux m'eft vni de parenté, ie le dois preferer , non feulement par la raifon du double fuiet que i'ay de l'aimer, mais auffi parce que le pauure vertueux peut bien décheoir de fa vertu, mais le parent ne peut ceffer de l'eftre, & entre deux parens vertueux, il faut preferer le plus proche. Mais fi des deux pauures parens vertueux lv'n m'eft plus proche, l'autre plus pauure, on dit qu'il vaut mieux ne point donner de regle de ce cas-là, parce qu'ils font de differend degré, d'indigence & de parenté, & laiffer le choix tel qu'il plaira à Dieu nous infpirer, ou fi on eft irrefolu, prendre l'aduis des fages ; mais quant à moy , ie prefe-

rerois le plus pauure, s'il n'y a grande difference du degré de la parenté, mais en concurrence de deux pauures en égale neceffité, dont on ne cognoift la vertu. Mais
l'vn fera de meilleure naiffance & condition que l'autre, c'eft bien fait de le preferer à l'autre, parce qu'il a moins de ref-
fource, & qu'il eft moins appriuoifé auec la
neceffité de laquelle fa naiffance ou fa pro-
feffion l'auoient efloigné, fi les circonftances tant de la pauureté que de la condition & bonne vie font égales, Dieu m'en
laiffe le choix de l'appliquer où ie vou-
drai. Mais il faut ici prendre garde, que par
fois la neceffité fe doit aufsi mefurer par
les occafions du lieu, & la conionĉture des
temps, car il fe pourra faire qu'vn homme fort riche, neanmoins à caufe du temps
& du lieu où il fe trouuera, fera plus pauure, qu'vn autre tout a fait pauure.

Mais pour tout ce qui a efté dit, nous
n'entendons pas faire retrancher les charitez ordinaires des perfonnes aumofnieres
qui font comme des benediĉtions iourna-
lieres ou annuelles qu'elles reglent felon

I ij

leurs moyens, dont il n'eſt raiſonnable de
priuer aucune ſorte de pauures, que nous
croyons ſe deuoir tous reſſentir de la charité des gens de bien, comme dit l'Apoſtre
aux Corinthiens, que chacun de vous re-
ſerue par ſemaine ce qui luy plaira pour les
pauures. Mais nous traittons des aumoſnes dont les perſonnes de condition re-
tiennent le choix aux occaſions.

Ainſi noſtre Seigneur l'a enſeigné, qui n'a
fait miracles ni charité qu'il n'y ait eu neceſsité, n'eſtant raiſonnable, dit le meſme
Apoſtre, qu'entre les pauures qui reçoiuent
ſecours des fideles, il y en ait, qui cher-
chent dans les aumoſnes certaine ſuperfluité, pendant que les autres gemiſſent ſous
le faix de la miſere & pure neceſsité : &
c'eſt par cette raiſon, que celle d'vne famille doit eſtre preferee à celle d'vn particulier, & d'vne ville à la famille, & d'vne nation à vne ville, i'entends vne veritable,
non procurée, ny raffinée ou imaginaire,
mais neceſſaire & publique neceſsité, tant
parce que de cet ordre de charité dépend
la conſeruation de l'ordre general eſtabli

dans l'Vniuers , que parce que parmi vn
grand peuple , il y a plus de necesſiteux ,
& plus de perſonnes agreables à Dieu , pour
l'amour deſquelles Dieu veut faire du bien
au reſte , comm'il dit à Abraham des So-
domites, que s'il y eut eu entr'eux ſeulement dix vertueux, il eut eſpargné les autres.

Mais l'vſage de cette eſpece conuient plus
à ceux qui gouuernent la choſe publique
qu'aux particuliers, comme obligez à ioüer
deux perſonnages, l'vn pour eux, l'autre au
public, parce que bien que leur puiſſance
ſoit de Dieu , l'abus qui s'en peut faire ne
vient pourtant pas de Dieu, mais ils ſont
obligez de regler leurs affections , ſelon
l'amour que Dieu porte aux peuples qu'il
leur a baillés en garde; en telle façon que
leur plume, leur voix & action ſoit publique, purgée d'intereſt particulier, de crain-
tes de ceci & de cela, & autres foibleſſes
du ſiecle. C'eſt à dire, aimer tellement le
bien de la choſe publique, auant leurs in-
tereſts, d'eux, leurs parens & creatures,que
leurs charitez, leurs ſecrettes inclinations

& amitiez, ne preiudicient aux chofes d'o-
bligation de leurs charges; fi bien qu'en l'e-
xercice de la Iuftice diftributiue qui iuge
du merite des actions humaines, ils prefe-
rent toufiours aux moins dignes, les plus
dignes, capables par leurs feruices de conferuer & accroiftre le repos & le bien de
la chofe publique, principalement en vn
fiecle autant fertile de vices, que fterile de
grands hommes de feruice. Mais cette matiere eft trop delicate pour en dire dauantage. Nous conclurons feulement que la
charité qui embraffe ce qu'elle peut pour
la neceffité d'vn peuple, fans omettre les
particuliers, fait plus de feruice de deuoir
à l'Eglife que celle qui fe termine à quelques perfonnes, & obmet le bien qu'elle
peut encores faire, & nous eftimons de ce
qui a efté traicté ci-deffus, que la pieté des
ames vertueufes fera fuffifamment con-
uaincuë, que l'aumofne faite pour vne fin
fpirituelle, eft plus noble que celle qui n'a
qu'vne fin temporelle, & qu'elle eft mieux
appliquée où on fçait qu'il y a plus de neceffité & de mifere. Cela fuppofé, nous fe-

rons voir au fuiuant chapitre, le fruict de tout ce difcours.

QVATRIESME ET DERNIER Motif.

IL ne fera befoin de beaucoup de raifons pour perfuader, qu'entre les peuples de l'Amerique, il n'y en a point de plus depourueus de fecours fpirituel que ceux de l'Amerique Septentrionale, où eft fcituée la nouuelle France, non feulement les imprimez qui s'en font tous les ans, mais l'opinion commune de ceux qui ont couru le monde habitable, en rendent affez tefmoignage, auffi bien que de leur grande mifere temporelle; & partant que les aumofnes employées à cet vfage, font tresdignement & meritoirement appliquées.

La mifere & neceffité fpirituelle fe peut confiderer en deux façons, l'vne abfoluë & ineuitable, & l'autre mixte, c'eft à dire, volontaire & inuoluntaire, ou remediable.

Qui examinera bien les circonftances de la neceffité des Sauuages, leur païs, le temperament du climat, leur naiffance & forme de vie, & leur barbare idolatrie, iugera facilement que leur misere & leur ignorance aux choses du salut est absoluë, ineuitable, irreparable & sans ressource, si elle n'est secouruë.

Ils habitent vn païs inculte, point frequenté, mal peuplé, froid & inaccessible, iusqu'à nostre siecle, separé de si grande estenduë de mers de toutes les nations Chrestiennes, que de la France il faut enuiron six semaines pour aller à eux; de façon qu'il n'y eut iamais au monde, ny auant, ni apres le deluge, nation qui ait esté si long-temps sans Dieu, sans Loy, sans Roy, sans domicile & sans terre mesme, puis qu'ils n'ont l'experience ni le pouuoir de la cultiuer, gens sans vsage des douceurs de la vie, sans licts, sans meubles, sans linge, ni pain, ni sel, ni vin, ni viande ordinaire, ni repos pour en auoir, estans perpetuellement agitez à la queste ou dans les bois, ou sur les riuieres, où faute de rencontrer ils meurent quelquefois de faim; sans animaux domestiques, ni aucunes bestes de seruice, sans science, sans arts, sans lettres,

lettres, ni caracteres, fans maiftres, fans me-
ftiers, fans police & fans confeil falutaire, ni
efperance d'en trouuer, ni d'eftre pourueus
de ces chofes, ni detrompez des erreurs
anciennes, toutes les auenües eftans fer-
mées à la verité auprez d'eux; & encores
plus par la diuerfité de langage, non feulement auec nous, mais entr'eux-mefmes,
finon par le moyen des François que Dieu
a enuoyez, pour decouurir le fonds de
leurs miferes, afin de les foulager, car il
ne faut pas mefurer les penfées de Dieu a-
uec les noftres, ni eftimer qu'il nous ait ou-
uert des chemins auparauant incognus à
trauerfer tant de mers, pour en rapporter
feulement des caftors & pelleteries. Cela
eft bon pour la baffeffe des deffeins des
hommes, mais trop efloigné de la majefté
de la profondeur de fes voyes, & des in-
uentions fecrettes & admirables de fa bonté, il fe fert des caufes fecondes pour fa-
ciliter aux hommes des paffages difficiles
& impoffibles qu'à luy, pour apres y fraier
le chemin à la lumiere de fa grace, qu'il
veut eftendre par le monde; c'eft ce qui

K

nous a fait penetrer à eux pour les inftruire peu à peu, corriger, illuminer, fecouiir
& deliurer de leurs miferes & ignorance,
autant excufable qu'elle eft inuincible &
incurable, la porte de falut leur ayant efté
bouchée tellement de toutes parts, en mer,
au Ciel & en la Terre, qu'ils me femblent
dignes de compaffion plus qu'humaine.

Nous lifons bien plufieurs peuples Infideles voifins des prouinces Chreftiennes,
auoir efté promptement conuertis, mais ils
eftoient fi limitrophes & acceffibles, que
leurs miferes nous eftoient toufiours pre-
fentes. Mais ces miferables-ci écartez du
beau monde & de la terre habitée, fi peu
cognus, qu'il y en a encores plufieurs en
France qui n'en ont iamais ouy parler : que
peut-on imaginer de plus deplorable, &
plus digne d'vne charité Chreftienne, Apoftolique & diuine? quelle plus grande mifere que de naiftre de la mifere, & dans la
mifere mefme, non feulement de cette
vie commune, fi douce aux François, & fi
amere aux Sauuages, mais apres les miferes continuelles de leur malheureufe vie,

n'attendre en fin derniere qu'vne misere
eternelle? de façon, comme disoit Iob de
luy-mesme, qu'il semble que la bonté de
Dieu s'est changée pour eux en cruauté, &
qu'entre tous les hommes de la terre, ce
peuple seul soit pour iamais reprouué. Et
pourquoy Dieu fait-il cela? sinon afin que
nous laissant contempler la seuerité dont
il les traitte, pour leur faire desirer de sor-
tir de ce malheur, nous réueillions en nous
l'esprit de sa grace, excitatiue de nos ha-
bitudes & affections endormies, pour entrer en la pitié de leur misere, & les deliurer de leur peine. Aussi est-il vray que la
plus haute rigueur de Dieu, a plus de miel
& de bonté que la plus agreable amitié de
ses meilleures creatures.

Ie sçai bien qu'en beaucoup de lieux de
ce Royaume il y a quantité de gens dans
vne extréme necessité spirituelle, & particulierement au plat païs, où le zele des
Reuerends Prestres de la Mission est vtile-
ment & dignement employé, mais neanmoins il ne se trouue point en France entre les heretiques mesmes de necessité spi-

rituelle qui ne foit en quelque façon volontaire, prouenante d'vne ignorance grof-
fiere ou affectée & éuitable, & apres auoir
receu le remede du peché originel, ainfi
que l'enfeigne l'Apoftre, apres auoir pro-
fané par leurs pechez actuels, la lumiere
qu'ils ont receuë de la verité, ils femblent
inexcufables, & neanmoins il n'y a fi miferable des champs, qui en faifant trois ou
quatre lieuës aux enuirons de fa maifon,
ne rencontre, s'il veut, quelque remede à
fon ignorance, par l'inftruction de quelque
perfonne vertueufe, ou de quelque Eccle-
fiaftique Seculier ou Regulier, pour fe tirer
du peril de la damnation eternelle, & pour
les malades mefme qui femblent plus eloi-
gnez de fecours dans l'impuiffance de l'aller chercher dehors, s'ils auoient tant foit
peu de volonté de cooperer aux graces que
Dieu leur communique de penfer à leur falut, ceux qui font prez d'eux ne leur man-
queroient pour les faire inftruire & rendre
dociles & capables de former interieurement les actes de Religion & contrition,
fuffifans pour fatisfaire a la necefsité de fa-

lut, n'eſtans pas obligez enuers Dieu a plus
que ce qu'ils peuuent facilement & rai-
ſonnablement faire, ſuppoſé leur eſtat de
miſere & neceſſité.

Mais par la grace de Dieu bien que leur
neceſſité ne ſoit abſoluë ni excuſable, comme celle des Canadiens, nos pauures vil-
lageois & artiſans des petites villes, & meſme les heretiques ſont tellement aſſiſtez,
que nous admirons en noſtre ſiecle les voyes de la diuine bonté, à pouſſer à cet emploi tant de vertueux perſonnages & de
condition, qu'il me ſemble reuoir les diſciples de noſtre Seigneur, courir heureu-
ſement le monde, auec vne ſainéte ſimplicité ennemie de cette prudence humaine, non ſeulement alterez d vne ſoif Euan-
gelique, de remplir les celliers & caues celeſtes de ce vin delicieux, que noſtre Maiſtre boit tous les iours, nouueau dans les
Cieux à la table Royale de ſon pere, dans
le Calice inépuiſable de ſa gloire, mais encores affamez d'vne parfaite Iuſtice de lui
faire ſacrifice d'hoſties viues de pure fleur
de froment, purgé de l'yuraie de l'erreur;

K iij

& feparé de la paille du peché, comme font les ames reconquifes à Dieu par leurs labeurs & victoires.

Allez donc, fainctes troupes auxiliaires, croiffez, profperez, & faites regner Dieu par fon Eglife ; ce difcours n'eft pas fait pour vous, ni pour vous diuertir de l'exercice de vos miffions, & emiffions celeftes. Au contraire, fi nous auions le talent, & qu'il en fuft befoin, noftre efprit, & noftre plume fe confumeroit plutoft toute pour animer les bons Ecclefiaftiques à vous fuiure, il y aura affez d'ouuriers, & pour vous & pour les mifsions eftrangeres, fi nous y fommes tous fideles, & Dieu feroit fortir de la pierre de fon Eglife, des enfans à noftre Abraham celefte, plutoft que de manquer à la bonne volonté de ceux qui ne pretendent que le feruice de fa gloire. Et pleuft à Dieu, difoit le tres-humble Moyfe, que tout le monde fuft aufsi bien que moy Prophete. Pleuft à Dieu que chacun vouluft rentrer dans ce pur & veritable efprit du Chriftianifme, & que les bonnes œuures des vns, fuffent aufsi les bonnes œuures des autres.

Mais nous efcriuons pour ces dents ca-
nines qui déchirent les plus loüables actiõs,
qui méprifent tout, cenfurent tout, & qui
ne veulent, ni faire, ni laiffer les autres
faire.

Et nous nous eftonnons, puifque l'extreme mifere de ces peuples eft fi preffan-
te & fi importante, & que la moiffon eft
fi grande & fi prefte à moiffonner, qu'il fe
rencontre des oppofitions, où nous atten-
dions des approbations; des efpines où nous
penfions des rofes; & des froideurs & ter-
reurs pour l'auenir, où nous deurions plus
paroiftre pleins de foy, d'efperance & de
courage.

C'eft ce qui nous oblige à la fin de ces
motifs, de refpondre en particulier aux ob-
iections de ceux qui ne fe contentent pas
de retenir en eux la verité captiue par leur
iniuftice, s'ils ne diuertiffent encores les
perfonnes de pieté de concourir aux deffeins de Dieu, pour acquitter les promeffes
qu'il a faites d'enuoyer à tous fa lumiere,
fans exception de perfonne, pour feruir

aux grands iours de toute la terre d'vn té-
moignage irreprochable de la bonté de
leur Redempteur pour les vns, & de sa iustice pour les autres.

RESPONSES AVX OBIECTIONS
qui se font contre le dessein de Monreal.

COMME il n'y a personne qui ne
donne loüange à la vertu & aux
bonnes œuures en general, aussi
quand on vient à examiner en particulier
les bons desseins de ceux-ci & de ceux là,
il s'en trouue peu qui ne les contredisent
& contrarient. Cette contradiction a commencé auec le monde contre les bonnes
œuures de l'innocent Abel, elle continuë-
ra iusqu'à sa fin, puisque l'Euangile de la
verité mesme, n'en a pas esté & n'est encores à present exempte, qui est vne forte
consolation pour les ames genereuses qui
entreprennent de seruir Dieu en toutes oc-
casions,

casions, en l'aduersité comm'en la prospe-
rité, par les mespris & applaudissemens, en
necessité & abondance, en la foiblesse com-
m'en la puissance, lors qu'elles s'y sentent
trauersées & persecutées, se confians de
venir à bout de tout, par celuy qui les
conforte à le faire.

Il n'y a donc dequoy s'estonner, si le suiet de Monreal est contredit, mais bien
s'il ne l'estoit pas, & qu'vn ouurage d'vn
tel poids reussit sans obstacles, peines &
difficiles exercices de ceux qui s'en meslent,
ce seroit le seul œuure de Dieu en l'Eglise qui ne porteroit pas ses liurées ; ô Dieu
nous garde d'vn tel priuilege.

Ils nous reste donc à considerer les rai-
sons particulieres de ceux qui bien infor-
mez de la chose la reiettent, car pour ceux
qui iusqu'ici n'en auoient pas l'idée ni cognoissance bien claire, nous estimons que
ce qui en a esté dit ci-dessus, suffira pour
les satisfaire.

Premiere obiection.

Il y en a qui nous disent que les bonnes
œuures doiuent estre cachées : ce qui ne se

L

peut , fi elles paffent par les mains d'vne
focieté, & que noftre Seigneur a defendu
que la gauche fceuft rien des œuures de la
droite.

Refponfe.

Cette propofition eft tres-veritable, que
les œuures doiuent eftre fecrettes, pour
eftre plus feures & agreables à Dieu, princi-
palemēt pour les perfonnes foibles qui font
encores dās le nouitiat de la pure deuotion,
qui ne cognoiffent point d'autre maniere de
rendre leurs œuures de valeur deuant Dieu,
que de les tenir cachées à l'exterieur, comme les aumofnes qui fe mettent dans les
troncs des Eglifes, à l'exemple de la bonne
veufue du Temple tant loüée de noftre
Seigneur, ou autres; & à la verité celfes-là
font bien plus feures de vaine gloire, quant
à l'exterieur , bien que quand à l'interieur
elles ne foient pas fi affeurées, qu'il n'y ait
fujet de fe garder que de plufieurs aumofnes cachées, la perfonne qui les fait, n'en
conçoiue en elle mefme quelque opinion
de plus grand merite en elle qu'aux autres,
comme auffi de faire quelques bonnes œu-

ures publiquement, il se pourra faire que celuy qui les fera sera estimé du monde ne les faire que par vanité ou interest; & que neanmoins dans le secret de son cœur, son intention soit tres-pure & bien agreable à Dieu. Ce n'est donc pas le secret exterieur de l'œuure qui la met en seureté, ni la cognoissance que les hommes en ont qui la condamne, mais la bonne ou mauuaise fin & intention qui la fait faire; ainsi que nostre Seigneur nous a enseigné, disant, que vostre lumiere, c'est à dire l'exemple de vos actions, luise tellement deuant les hommes, qu'en voyans vos bonnes œuures, ils prennent suiet, & vous auec eux d'en glorifier Dieu seul. Et de cette façon vne aumosne ou autre bonne œuure, ne laisse pas d'estre cachée, lors que nostre intention est si pure, qu'elle n'en attend aucun gré des hommes, ni se soucie pas plus de leur plaire que de s'y complaire; ainsi que faisoit l'admirable Iob, si ie m'arrestois, disoit-il, à contempler la beauté du Soleil & de la Lune en son plein, si ie baisois mes mains de ma bouche, c'est à dire s'abismer

dans l'eſtime de ſoy-meſme, & ſe vanter
de ſes bonnes œuures, ie ſuis digne du cha-
ſtiment du plus grand crime qu'vn homme
puiſſe commettre. Que ſi noſtre Seigneur
a loüé la veufue qui miſt ſon aumoſne au
tronc, ce n'eſt pas ſeulement parce qu'elle
eſtoit ſecrette, car elle ne le fut point tellement, que les Apoſtres ne le virent ; mais
en cela il voulut recommander la pureté
de ſon intention, & ſa haute charité qui
donnoit tout ce qui luy pouuoit reſter à
viure ; & quand il defend à la gauche de
ſçauoir ce que fait la droite, cela s'entend
de la ſimplicité de l'intention, qui ne doit
eſtre cognuë qu'à Dieu ſeul qui eſt noſtre
droite, & non au monde qui ſignifie noſtre gauche, autrement à le prendre à la
lettre, l'aduis de noſtre Seigneur ſeroit im-
poſſible en pratique, ce qui n'eſt pas. Auſſi
cet aduertiſſemen꞉ de fuir l'exterieur alloit
principalement coɴtre ces Iuifs hipocrites,
qui ne diſoient ou ne faiſoient rien de bien
que par deſſein, ou de vaine gloire, ou d'a-
uarice. Ce que noſtre Seigneur nous defend
de ne point faire noſtre iuſtice deuant les

yeux des hommes, s'entend auſſi bien des
noſtres, & S. Paul exhorte les Chreſtiens à
bien faire non ſeulement deuant Dieu, mais
deuant les hommes. Et comment eſt-ce que
les œuures des gens de bien, & les exemples
de leur vie, donneroient dans la veuë du mõ-
de pour le porter à bien viure ? & comment
tant de belles actions & diuines entrepriſes
ſe feroient parmi les Chreſtiens, ſi toutes les
ames ſont cõduites par vn chemin, & qu'on
ne faſſe de bõnes œuures que celles qui ſont
ſecrettes à tout le monde ? il faut donc voir
nos Egliſes deſertes, de peur qu'on ne nous
y obſerue trop ſouuent. Les Princes & Princeſſes, & autres perſonnes publiques, ſeroient donc de miſerable condition, s'ils ne
pouuoient meriter qu'en tenans leurs œuures cachées, parce qu'il eſt bien certain
qu'ils ne peuuent ni dire, ni faire rien qu'on
ne le ſçache (bien que pour eux ils ne feront
pas mal, s'ils me croyent d'en faire autant
qu'ils pourront de ſecrettes, pour s'eſloi-
gner dautant plus de la vaine gloire, qui
aux grandeurs n'eſt que trop familiere,)
autrement, comment auroit-on baſti tant

de magnifiques Eglifes & Monafteres, tant
de fondations, Hofpitaux & Communautez eftablies? & que deuiendroient les aumofnes publiques de fi grande edification
& reuerence dans l'Eglife, celles qu'on fait
aux maifons Religieufes, aux prifons & aux
charitez des parroiffes qui font publiques?

Si ces œuures ne font de poids ni d'vn
or pur de charité, refferrons donc noftre
bourfe, beuuons & mangeons, puis qu'il
n'y a affeurance en nos aumofnes. Qui ne
voit que ces bonnes ames s'abufent, fous
pretexte de la fimplicité colombine, s'ef-
loignans de la prudence ferpentine, & que
pour ne fçauoir qu'vn chemin de faire l aumofne, parce qu'il eft bon, elles murmu-
rent de ceux qui en fçauent encores vn
autre; & pour eftre trop mal adroits à bien
faire, & pour vouloir trop rechercher de
precaution en leurs aumofnes, comme
creanciers fcrupuleux, ils fe retranchent le
moyen de rendre plus de feruice aux pauures, au lieu de bien regler l'intention pour
laquelle ils font l'aumofne, & diuertiffans
la veüe de foy, s'efleuer à celuy pour qui

on la fait, dont la bonté eſt ſi grande, qu'elle ne prend pas ſes creatures au pied leué. O Dieu nous garde, diſoit vn ſainct homme de noſtre temps, de tant de reflexions & recherches, qui ne ſont iamais ſans foibleſſe.

Ce n'eſt donc pas vne aumoſne qui ne ſoit ſecrette, que de la faire pour l'amour de Dieu ſeul, à qui noſtre intention eſt cognuë, ſans aucun reſpect humain, bien que l'œuure paſſe par les mains de tierces perſonnes, auant tomber en la derniere à qui on la donne ; mais on peut outre cela, ſi on veut, obſeruer, que ſi on fait vne aumoſne pour vn deſſein commun, ou pour vne ſocieté, par exemple de Noſtre Dame de Monreal, en laquelle comm'aux autres, il y a peut eſtre deux ou trois perſonnes choiſies, pour l'execution des choſes, il ſuffit d'en parler à ceux là, non à d'autres, ſinō que quelquefois vne ame ſe verra pouſſee de Dieu de declarer quelque bien qu'elle aura fait, pour en attirer quelqu'autres au meſme bien.

Seconde obiection.

Que l'entrepriſe de Monreal eſt temeraire, d'vne dépenfé infinie, plus conuenable à vn Roy qu'à quelques particuliers trop foibles, outre les perils de la nauigation, & les naufrages qui font à craindre.

Réponfe.

Vous auez mieux rencontré que vous ne penfiez, de dire que c'eft vn œuure de Roy, puis que le Roy des Rois s'en mefle, à qui la mer & les vents obeiffent, & par confequent nous ne craignons point les naufrages qu'il ne fufcitera que lors que nous en aurons befoin, & qu'il fera plus expedient pour fa gloire, que nous cherchons en fon ouurage depuis trente-ans. Peut-eftre on a fouffert deux naufrages, dont le dommage a efté temperé de la diuine prouidence, de telle façon qu'ils ont moins donné d'apprehenfion que de courage à Meffieurs de la grande Compagnie ; mais parce que ie ne vous vois pas content de cela, fi nous ne vous fatisfaifons à la lettre, que c'eft vn œuure de Roy, & que fçauez-vous ce que leurs Majeftez en penfent ? & ce qu'elles y feront quelque iour ? dequoy vous mettez-vous en peine ? Dieu

a poura pourueu iufqu'ici au neceffaire, nous ne voulons point d'abondance, & nous ef-perons que fa prouidence continuera , & quand elle s'en retirera , que defirons-nous en cela que de deffaire auec autant de ioye pour l'amour de luy , ce que nous auons commencé pour luy plaire , toufiours il n'en payera pas moins ; l'eftimeriez-vous moins liberal qu'vn Prince qui auroit com-mandé quelque grand & magnifique bafti-ment,& le voyant à demi fait, il luy prend fantaifie de le faire abatre. A voftre aduis,les ouuriers qui y ont trauaillé y perdent y rien? Au contraire, quelquefois il leur redouble le falaire pour les releuer de quelque efpece de confufion , que fa magnificence extra-ordinaire a fait fouffrir à leur art, induftrie & peine. Cependant vous deuez fçauoir , que par la fage œconomie & conduite de nos gens , vn efcu nous fait plus qu'vne centaine à d'autres, qui abufent du mini-ftere, & ce que nous ne pourrons en vn an , nous le ferons en dix , fi on ne peut rien faire en dix on le fera en cent, & fi le terme vous femble bien long; mais à ceux

M

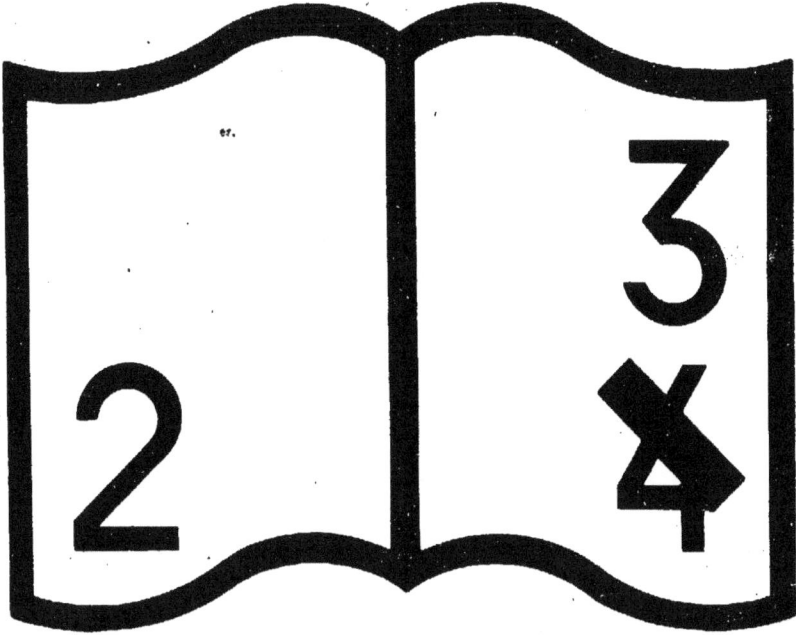

Pagination incorrecte — date incorrecte

NF Z 43-120-12

qui trauaillent pour l'Eternité, c'eſt peu de
choſe , ſinon que vous penſez peut eſtre ,
que quand nous dormirons dans le ſepul-
chre auec vous , nous n'aurons pas plus de
nouuelles des Sauuages que vous , & que
noſtre peine ſera perduë ? Vous vous abu-
ſez, du haut des Cieux nous nous réioui-
ront de voir la ſemence de nos labeurs
fructifier au centuple , & ſi le temps de voſtre vie vous eſt trop court , qui de tout
veut voir l'argent à la main ; mais à Dieu
qui a ſon Eternité en ſes Eleus , mille ans
ne luy eſt qu'vne heure , laiſſez luy faire
ce qu'il veut ; car ſi vous ſçauiez bien noſtre affaire , auec quelle froideur & indifference nous y allons , vous vous en pren-
driez peu à nous , qui ne ſommes que ſeruiteurs indignes & inutiles, mais vous de-
ſireriez adorer auec nous les conſeils de
ſa ſageſſe , & ſauourer les effects de ſa bonté , qui y fait plus que nous ne meritons ,
à noſtre ſouhait & à ſa gloire.

Troiſieſme obiection.

Que l'affluence des pauures eſt ſi grande
en France , que les aumoſnes n'y ſuffiſent

pas, qu'il vaut mieux appliquer à ceux qui
font à nos portes, que de les enuoyer aux
païs eftrangers pour des gens qui nous font
incognus.

Réponfe.

O charitable auarice, ô ingrate & deffian-
te charité, qui a peur que terre luy faille,
Iufqu'à quand feray-ie auec vous ? difoit
noftre Seigneur a femblables gens quevous.
Quinze ou vingt-mil liures d'aumofnes que
l'on enuoye peut eftre tous les ans pour
Monreal, pour vne œuure fi importante,
ruinera donc le repos de tous les pauures
du Royaume? parmi quatre millions de liures qu'on peut diftribuer tous les ans dans
la feule ville de Paris en aumofnes & œuures pies, fans y comprendre les fondations perpetuelles, Eft-ce trop d'vne benediction fi petite pour ces Infideles, qui eft
peut-eftre caufe que Dieu arrefte le fleau
de fon indignation fur Paris & toute la
France, qui femble en eftre fi auertie &
menacée?

Prenons-y garde, mes freres & fœurs, ce
n'eft pas l'efprit de la charité def-interef-

fée que Dieu a communiqué à fon Eglife,
ce n'eft pas l'ordre & œconomie qu'il a
eftablie en la diuerfité des chofes de fa
grace.

Ce n'eft pas le fentiment de l'Apoftre
qui nous inftruit, que celui qui donne, ne
diminuë point le bien qu'il a, & celuy qui
refferre tout ce qu'il a n'en a dauantage
pour cela, & c'eft ignorer les principes de
la vraye mifericorde, de penfer qu'vn Royaume abondant n'eft pas obligé de contribuer à la neceffité d'vn autre.

Mais pourquoy aurions-nous honoré les
Canadiens du nom de France ? finon que
les faifans nos Compatriotes & fuiets du
Roy, & dont nous retirons mefmes quelque benefice de negoce, nous aydions de
noftre part à les retirer de leurs miferes, &
des perils euidens de la reprobation perpetuelle, puifque Dieu merci à la liberali-
té de perfonnes charitables, & à la ferueur de certaines ames nobles & genereufes, qui embraffent tellement le foulagement de nos pauures de Paris, qu'elles
tiennent à beaucoup de perte, fi d'au-

tres qu'eux les preuiennent en la confo-
lation de leurs peines. Nous ne voyons
point que ceux de Paris en foient plus aban-
donnez, comme il n'eft iufte de les fru-
ftrer des charitez neceffaires à leur vie,
mais feulement de difpenfer les chofes
pour les vns & pour les autres, felon nos
moyens, & la prudence Chreftienne.

Mais fi on n'eftimoit deuoir bien faire
que pour ceux qui nous approchent, comment eft ce que les Corinthiens & autres
Chreftiens du Leuant n'ont point eu la
mefme fageffe, de repliquer à S. Pol quand
il les preffoit de faire paffer leurs charitez
iufqu'aux pauures de Iudée, & autres éloignez d'eux? à quelle raifon fe recognoif-
foit-il redeuable à la verité, premierement
aux Iuifs, comme anciens depofitaires des
fainctes promeffes, mais auffi aux Grecs &
Gentils? Les Corinthiens pouuoient bien
luy alleguer qu'ils auoient affez de pauures
chez eux, & qu'ils ne cognoiffoient perfonne en Hierufalem. Et Philemon le grand
& riche ami du mefme Apoftre, ne gou-
ftoit point autre plaifir que d'employer fes

moyens à l'entretien des courriers Euangeliques par les païs Infideles. Et les premiers Chreſtiens de Rome ont-ils fait cette difficulté lors qu'il falloit ſouſtenir les
frais de tant de miſſions eſtrangeres ? Et depuis au quatrieſme & cinquieſme ſiecle, &
plus bas iuſques à nous, tant de perſonnes laiques ont diſperſé hors leur patrie
des charitez ſi immenſes. Vne ſainĉte Pau-
le grande Dame Romaine, & ſainĉte Melanie auec Albine ſa mere, & Melanie ſon
ayeule, & le bien-heureux Pimen mari de
la ieune, grand Seigneur dans l'Empire Ro-
main, qui ont diſtribué en Iudée, Egypte
& Afrique, de ſi grands treſors aux pauures, bien que de leur temps ils ne manquoient pas d'obiet de calamitez & miſe-
res chez eux, Rome & toute l'Italie ſe
voyans ſouuent menacees de troubles, pe-
ſte & famine. Mais ces ſainĉtes ames mieux
éclairees de plus purs rayons du Soleil de
charité, ne s'amuſoient pas tant à control-
ler les intentions de ceux-ci & de ceux-là,
ni à éplucher ſi ſcrupuleuſement, à quels
pauures ils auoient affaire, ni s'ils eſtoient

de leur cognoiſſance, ou non, ce qui ne ſeroit pas mal de faire en concurrence de
pauures en particulier, comme nous auons
dit ci-deſſus, mais non lors qu'il s'agit de
la miſere d'vn peuple entier, auec lequel
il ne faut pas faire ſi exactement entrer en
comparaiſon le particulier. Auſſi ces ſain-
ctes Dames voyoient bien qu'où il y a
moins de ſenſualité & moins eſperance de
gré, comme, donner à gens incogneus, leur
aumoſne eſtoit plus pure & hors de mer-
cenaireté; parce qu'encores que noſtre volonté ne ſoit obligée de rechercher ce qui
nous eſt incognu. Neanmoins il y a bien
difference d'vne choſe qui n'eſt iamais tom-
bée ſous nos ſens, qui eſt abſolument in-
cogneuë, & de celle qui par l'oüie & les
Liures nous eſt auſſi certaine que ſi nous
l'auions touchée ou veüe. Par exemple,
vous n'auez iamais veu Conſtantinople,
vous eſtes pourtant aſſeuré qu'il y a des
habitans, parce que vous l'auez ainſi leu
ou entendu. Voila pour la cognoiſſance
puxx qui vient des ſens, mais quant ell'eſt
meſlée de la cognoiſſance de la Foy en la-

quelle il n'y a rien de neceſſaire à ſalut qui
nous ſoit incognu, il y a encores plus d'aſ-
ſeurance, parce que cognoiſſans qu'il y a
des Sauuages en la nouuelle France par les
Relations eſcrites & non eſcrites , nous
ſommes encores aſſeurez par l'Egliſe que
la lumiere de l'Euangile leur manque &
leur neceſſité nous en eſt meſmes plus cognuë que des pauures qui ſont prés de nous,
que nous croyons eſtre participans des Sacremens de l'Egliſe, bien que quelquefois
il s'en rencontre qui par la faute de leurs
parens, n'ont iamais eſté baptiſez. Et ſi vous
donnez vne aumoſne pour vne miſſion de
Guyenne ou de Languedoc, où vous n'a-
uez iamais eſté, & où vous ne cognoiſſez
perſonne , vous eſtes neanmoins aſſeuré
que voſtre aumoſne eſt bien employée ,
par la certitude generale que vous auez ,
qu'en ce païs il y a grande neceſſité. Ainſi
de la nouuelle France, vous dites que tout
vous y eſt incognu, mais vous ſçauez bien
que tous les habitans ſont d'vne condition plus malheureuſe que les beſtes ; &
n'auez raiſon de douter que voſtre charité ne

té ne foit agreable au Dieu de paix & de charité. Et le mefme Dieu qui nous a autrefois vifité de fa parole par S. Denis & fes compagnons, S. Irenée & fes Difciples, S. Auguftin, en Angleterre ou S. Loup & S. Germain Euefques de France, pafferent lors des Pelagiens pour fecourir nos voifins, bien qu'ils ne fuffent leurs Euefques. Et depuis fainct Boniface en Allemagne, & tant d'autres qui eftoient entretenus des fecours des gens de bien. Comme auiourd'huy c'eft encores le mefme Maiftre qui nous preffe d'en faire aller à Monreal pour y rendre le feruice falutaire que ces faincts perfonnages nous ont fait ou procuré. Mais pour conclure auec vous, Dites-moy, controlleurs de miffions eftrangeres, fi vous auiez en quelque part de la France, vn peuple qui fuft infidele, que feriez-vous ? I'entens defia petiller voftre zele, de quitter tout pour courir à vos voifins, vous n'y allez donc que parce qu'ils vous font plus proches, & neanmoins vous fçauez bien qu'aux chofes furnaturelles il n'y a point de diftance locale ; & que tout eft prefent à

N

Dieu, par l'esprit duquel nous deuons
entreprendre les choses. Mais s'il n'est que-
stion que des plus proches, vous ne deuez
censurer ceux qui assistent les Canadois,
n'y ayans point entr'eux & nous, graces
à Dieu, de peuples Infideles plus proches
ni plus accessibles, puis que vous voulez
croire que le feu diuin de charité, ainsi que
le materiel, ne se prend qu'à la matiere la
plus proche.

Quatriesme obiection.

Que les Canadiens auec la lumiere naturelle se peuuent sauuer s'ils gardent la
Loy de Nature, attendu l'ignorance inuincible où ils sont de l'Euangile.

Réponse.

Supposé que vostre contredit fut veritable, dont neanmoins les plus graues Theo-
logiens ne conuiennent, qui tiennent que
quand ils obserueroient la Loy de nature,
ils ont encores besoin de la Foy pour estre
sauuez, mais que seulement ils euiteroient
les peines eternelles sensibles du corps &
de l'ame, dont les damnez sont tourmen-
tez, & que s'il s'en trouuoit parmi eux de

ſi parfaits que vous dites, Dieu feroit plutoſt vn miracle que de les priuer de la grace de ſa Redemption.

Mais quand ce que vous obiectez ſeroit vray, que conclurez-vous de là ? Les
Apoſtres en pouuoient dire autant de nous,
& nous des autres. Si voſtre erreur auoit
lieu, voila la porte fermée aux miſſions des
Infideles, & l'emulation ſaincte de la propagation de noſtre Foy toute eſteinte.

Mais penſez-vous qu'vn Infidele par la
force de la raiſon naturelle, peuſt éuiter
tous les pechez mortels en ſa vie? Ce n'eſt
pas l'opinion de S. Thomas, ni des autres
lumieres de l'Egliſe, non pas meſme qu'on
ſe puiſſe garder touſiours d'vn peché mor-
tel ſans la grace. Et l'experience la fait trop
voir auant le deluge & depuis, où la raiſon des hommes ſembloit eſtre en ſa force, & plus pure comme vne eau plus proche de ſa ſource. Cependant nous n'appre-
nons point qu'aucun Infidele ait eu le ſalut, ni deuant la Loy eſcrite ni depuis. Ie
dis Infidele, pour les diſtinguer de ceux qui
en la Loy de Nature auoient la Foy du

Meffie , par laquelle ils fe pouuoient fauuer. Et fi vous vous amufez à l'hiftoire
apocriphe de l'ame de l'Empereur Trajan
retirée de l'enfer par les prieres de S. Gre-
goire, vous faites bien , mais Dieu vous
garde d'vn Paradis comme le fien. Cependant vous pretendez que les Sauuages foiēt
plus fages que ces premiers hommes de la
terre. Cela ne fe peut, mais ie dis que s'il s'en
trouuoit en cette perfection de nature ,
c'eft à eux que nous deuons courir pour
en embraffer le falut , & faire acheuer en
eux par la grace, ce que Dieu y auroit commencé d'operer par les biens de nature.
Mais quant aux autres engagez au peché
originel , nous vous auons defia informé
que c'eft proprement feruir au deffein de
Dieu en l'amour qu'il porte aux hommes,
de leur en monftrer les remedes.

Cinquiefme obiection.

Qu'il ne faut ofter le pain des enfans des
pauures Chreftiens François pour l'enuoyer à des Infideles qui viuent comme des
chiens, qu'il eft impoffible de conuertir.

Si vous parlez du pain qui nourrit feulement le corps, cela eft vuidé, que le fpirituel eft preferable au corporel, mais fi
vous l'entendez du pain neceffaire au falut
des ames, nous auons dit que l'inftruction
que l'on donne aux Canadiens n'empefche
celle que l'on peut faire aux François, &
qu'vne vingtaine d'ouuriers ou plus ne nui-
fent point aux milliers de Preftres que la
France a pour inftruire fes habitans. Et nous
eftimons d'ailleurs vous auoir affez con-
uaincu, qu'en ce Royaume graces à Dieu,
il ne fe rencontre point de neceffité fpirituelle égale à celle des Americains.

Ce n'eft donc pas ofter le pain des enfans, pour vn fi petit nombre de François
que l'on y fait paffer tous les ans. Mais fi
les enfans en eftoient fouls, penfez-vous
que ce fuft mal fait de ietter du moins les
miettes aux autres ? C'eft ce que nous pretendons faire, & les feruir de vos reftes, &
noftre Seigneur ne rebuta point tant la
Chananée qui viuoit parmi des chiens Infideles, qu'au lieu de miettes qu'elle de-

manda, il ne l'éleuast à la table de sa grace, & en fist vne grande saincte. Entendez - vous bien ce que veut dire cela ? &
Dieu nous garde que ceux que nous te-
nons comme des chiens n'enleuent vn iour
nos places. Ainsi que le souuerain Maistre
nous menace qu'il doit venir vn iour des
peuples des bouts du monde qui seront as-
sis à la table de son grand banquet royal;
& les enfans de la maison rassasiez & en-
nuyez de ses viandes celestes, en seront
chassez & precipitez en des tenebres exterieures, significatiues de celles dont ils seront interieurement aueuglez.

Sixiesme obiection.

Qu'il suffit de ce que font les Peres Iesuites en la nouuelle France, entretenus
tant des aumosnes des gens de bien, que
par Messieurs de la grande Compagnie, qui
se tiennent incommodez du dessein de
Monreal.

Réponse.

Vous estes parauanture mal informé, &
non receuable à proposer tant de la part
de Messieurs de la grande Compagnie, que

des Peres Iesuites, puis que les vns & les autres ne s'en plaignent pas; & comment s'en plaindroient ces Messieurs, s'ils ne s'en prenoient à eux-mesmes, qui sont les premiers fondateurs du dessein de Monreal, par la glorieuse cession qu'ils ont faite liberalement de cette isle? & comment leur feroit-on à charge? que l'on trauaille à peupler le païs, à rendre les chemins plus accessibles, à reduire les Sauuages à leur police, aider à defricher les terres, à bastir & se fortifier contre les ennemis communs, & à fauoriser les commis de ces Messieurs de tout ce qui sera à Monreal en leur pouuoir? on ne les importune point, on ne s'y mesle de rien , & on ne trafique sinon du salut des ames qu'ils affectionnent autant que nous. Et il ne s'y passe chose qui leur puisse tant soit peu déplaire.

Dire que le dessein de Monreal leur est nuisible,& aux Peres Iesuites, c'est comme si vous disiez , que de mettre du bois au feu, c'est diminuer sa chaleur. Dire encores que les Peres qui y sont, suffisent seuls pour l'instruction des Sauuages, c'est comme si ie vous demandois, six ouuriers qui font bons pour vne tafche, eftans douze ne la pourront-ils pas doubler ? Puis que la moiffon eft fi abondante , & que le champ eft fi ample, il n'y peut auoir trop d'ouuriers. C'eft peut-eftre pour ce fuiet qu'il plaift à Dieu infpirer à cet employ tant de perfonnes vertueufes de differentes conditions qui n'ont repos iour & nuict, preffez de la veuë des Sauuages qui fe prefentent à leur efprit , implorans d'eux le mefme fecours que ce Macedonien de S. Pol , & cet Indien de S. Xauier. Et apres cela, auriez-vous raifon de vous plaindre ? de voir croiftre le nombre de ceux qui feruent à la vigne du Seigneur, de laquelle il eft fi ialoux qu'il en a fait plus d'eftime que de fa vie, & qui fe réiouit plus de la recherche d'vne brebis égaree , que de nonante-neuf conferuees ?

Septiefme obiection.

Que les Sauuages font faineans & libertins, ennemis du trauail de la terre, & indociles , ainfi que l'experience fait voir.

Réponfe.

Il y a pluſieurs nations parmi eux qui ſont arreſtées, ont domicile, & quelque eſpece de Communauté, & celles-ià trauaillent à la terre comme elles peuuent, & n'y aura grand peine à leur apprendre auec le temps à mieux faire, & à s'adonner aux arts & meſtiers. Et par ce moyen on les conuertira facilement, comme les Peres s'y employent dignement, ainſi qu'on voit en leurs Relations. Quant aux nations vagabondes, ſi on ne gaigne rien aux vieillards, on s'addreſſera aux enfans, dont il s'en baptiſe grand nombre. Mais il y a deſia des familles entieres, tant d'anciens que ieunes, qui s'offrent de s'arreſter en leur aſſignant des terres defrichées, ce qu'on s'efforce de faire. Et ſi quelques-vns ont vne fois commencé, les autres viendront à la file, & ayans gouſté vne forme de vie reglée, recognoiſtront bien-toſt leur bonheur. Toutes nouueautez d'abord choquent nos ſens, la honte de ceci & de cela, qu'ils n'ont pas accouſtumé, les retient autant que la laſcheté ou la foibleſſe de

leur corps ; qu'ils ont aſſez aſſorti des
auantages de la nature, beaucoup plus que
nos païſans de France. Ils ſont de riche
taille & puiſſante, laborieux à la chaſſe, à
la peſche, à la nage, & à nauiger à la rame,
grands pietons, ſi bõs portefaix, qu'en leurs
longs voyages ils ſe chargent les eſpaules
chacun de tout ce qui peut de plus neceſſaire pour leur vſage, faute de beſtes de charge, & ſi vne fois la raiſon prend l'aduan-
tage par deſſus leurs vieilles couſtumes,
auec l'exemple des François qu'ils eſtiment
& reſpectent, qui les exciteront à trauailler, il y a apparence qu'ils ſe detromperont
eux-meſmes, ſe retirans d'vne vie ſi pleine
de pauureté & afflictions, qu'ils ſe range-
ront à celle des François ou Sauuages Chreſtiens, à quoy la grace de Dieu au beſoin
ne manquera de leur deſiller les yeux, & les
conforter à mieux faire, & quand nous aurõs
fait noſtre deuoir, c'eſt à elle defaire ſon bon
plaiſir du reſte. On y contribuera auſſi de ſecours de quelques aumoſnes qu'on fera aux
plus diligẽs, de quelque peine & correction
legere aux faineans. L'aide que l'on preſte-

ra aux malades , dont il n'efchapé gueres
parmi eux, du moins pendant leurs voyages de chaffe, où ils font fouuent contrains
de les expofer à la mort, non tant par cruauté que par impuiffance de les fecourir , &
apprehenfion pour eux-mefmes. Ioint à cela les inftructions & frequentes exhortations auec l'adreffe dont on vfera à choi-
fir leur inclination, force & talent de chacun, pour l'appliquer au meftier où il fera
iugé plus propre. Les mariages auffi qui s'y
feront des François auec les Sauuages Chreftiennes, ou entre les ieunes Sauuages Chreftiens mefmes. Nous ne voyons raifon
de douter qu'ils ne fe conuertiffent à la Foy,
& s'appriuoifent à noftre forme de vie, &
qu'en cette façon le païs fe peuplera facilement, fe remplira d'animaux domeftiques, & de beftes de feruice. Et ces peti-
tites nations multiplieront plus en dix ans
qu'elles n'ont fait par le paffé en cent années au grand honneur de la France , &
auantage du feruice de fa Maiefté, qui y
acquerra autant de fujets capables de fecourir peut-eftre quelque iour cet eftat,

O ij

d'hommes, & marchandifes vtiles.

Huictiefme obiection.

Que l'ifle de Monreal eft proche des Hyroquois, peuple cruel & farouche, qui empefche aux autres Sauuages le commerce
de la riuiere de S. Laurens, qui n'oferoient
pour cela s'habituer à Monreal, où les François mefmes font expofez aux furprifes &
à la boucherie de ces barbares, qui tirent
des armes des Holandois logez au deffus
d'eux, auec lefquels ils trafiquent.

Réponfe.

Voila de belles lunettes d'Holande, mais
non toutesfois d'approche, puis qu'elles
vous font craindre les Hyroquois de fi loin,
qu'ils n'ont garde de vous faire ~~pour~~ *mal*.

Il eft vray qu'vne partie de ces gens-là eft
logée à 40. ou 50. lieuës de Monreal, au delà la riuiere S. Laurens, & qu'ils ont fouuent guerre auec les autres Sauuages, qui
ne laiffent pour eux de frequenter la riuiere, & de continuer leurs traittes aux faifons. Mais outre cela, ils font amis des
François, & les apprehendent fi bien que
iufqu'à prefent, tant s'en faut que les Hy-

roquois ayent rien entrepris contr'eux,
qu'ils ont rendu des François qu'ils auoient
pris, entr'autres vn Pere Iesuite, & y a esperance qu'auec le temps où nous les ra-
menerons à leur deuoir, les obligeans d'a-
uoir paix auec nous & les Sauuages, ou
bien qu'auec la grace de Dieu ils se con-
uertiront comme les autres leurs voisins.
Ainsi qu'il est tousiours arriué aux nations
de l'Europe les plus cruelles, qui apres toutes leurs cruautez se sont eux-mesmes sous-
mises au ioug de la Croix. Et si nous ne
pouuons ni l'vn ni l'autre, auec la permis-
sion du Ciel, nous leur menerons vne si
iuste, si saincte & si bonne guerre, que nous
osons esperer que Dieu fera iustice de ces
petits Philistins qui troublent ses œuures,
chose facile, auec deux ou trois cent bons
soldats François qui iront brusler leurs ca-
banes; & si tout cela nous manque, & que
les perils nous pressent, vous pensez desia
que nous sommes attrapez, nous auons
vne puissante Maistresse, nous nous en
irons à ses pieds implorer vn extraordinaire, & dans nos extremitez nous auons

O iij

ſi ſouuent reſſenti ſes protections familie-
res, qu'au beſoin vous en entendrez des
nouuelles. Que ſi cette faueur nous laiſſe,
& que Dieu nous veuille accepter pour vi-
ctime, eſtans pris d'eux & maſſacrez, nous
n'y ſerons pour cela trompez, noſtre mort
ſeroit noſtre vie, & noſtre perte vne vi-
ctoire. Mais quand cela arriueroit, n'eſti-
mez pas pour cela vous voir deliurez de
nous, de nos cendres, Dieu en ſuſcitera
apres nous, qui feront encores mieux que
nous.

Cependant nous nous conſeruerons au
nom du Seigneur des armées, le mieux que
nous pourrons, auec vn vaiſſeau appellé
Noſtre Dame de Monreal, que nous enuo-
yons tous les ans, & vn fort de defenſe que
nous y auons, bien muni de toutes choſes, qui pour le preſent ſelon l'apparence
humaine, n'a rien à craindre de contraire.

Neufuieſme & derniere obiection.

Que c'eſt temps perdu de trauailler à la
nouuelle France, païs intemperé à cauſe de
la mer glaciale qui l'enuironne, où les François ne peuuent ſubſiſter que de ce qu'on

porté de France, auec peril & peu de fruict, dont ils s'ennuyeront à la fin, perdans patience, comme ils ont accouſtumé, & que la ſocieté de Monreal n'eſtant appuyée d'autre intereſt que de charité, n'eſt pas pour durer, que Dieu ne fait plus de miracles ; qu'au lieu de cela, les miſſions de l'Amerique Meridionale ſont de moindres frais, plus auantageuſes, en beau païs, fertile & ſi temperé, qu'on n'y ſent iamais de froid.

Réponſe.

Pour le peu de fruict dont vous parlez, ſi vous l'entendez du temporel, nous vous le laiſſons volontiers, non ſeulement pour le païs que vous aimez, mais auſſi pour le Canada que vous mépriſez. Quant au bien ſpirituel, il n'y a pas dequoy vous ſcandaliſer, il s'eſt plus faict de fruict en Canada, que S. Iacques n'en fiſt en Eſpagne, qui n'y put conuertir que cinq ou ſix perſonnes, & ſi cet Apoſtre n'eſtimoit pas auoir mal employé ſon voyage. On void bié que vous ne penetrez gueres la valeur & la dignité des ames, puis qu'elles vous couſtét ſi peu; Vous

ne feriez pas bien en l'efcole de quelques
grands Sainĉts & Sainĉtes qui ont fait à
Dieu tant de foufpirs, auec penitences &
aufterités toute leur vie pour le falut eternel des ames, & quelquefois pour vne feule. I'en fçai vne hors de Paris à qui Dieu
communique beaucoup de faueurs, qui a
fouffert des peines incroyables pour la conuerfion de quelques pecheurs. Et comm'il
pleut vn iour à Dieu éleuer fon efprit à
voir l'excellence d'vne ame, & la beauté
dont ell'eft ornée, quand elle fort de fes
mains, auant tomber dans le peché originel, elle en fut fi rauie, qu'elle ne s'efton-
noit plus, qu'vn Dieu fuft defcendu en terre pour reparer la perte de fi nobles & fi
belles creatures, & fi Dieu l'euft voulu,
ell'euft volontiers enduré les peines d'enfer iufques au iour du iugement, pour
faire qu'vne feule de ces ames ne fuft
infeĉtée de cette tache & preuarication
radicale. Iugez de là, de quels fentimens
interieurs nous deurions réueiller noftre
Foy, pour celles qui y font depuis fi long-
temps fi damnablement fouïllées.

Et pour

Et pour ces païs chauds, & ces ifles for-
tunées que vous preconifez tant, nous fçauons de bonne part, qu'il ne s'y fait pas
plus de conuerfions qu'en la nouuelle France. Et les habitans y allans nuds à caufe
de la chaleur continuelle, & à raifon de
ces obiets plus portez aux voluptez; &
pour la benediction de leur terroir, habi-
tuez à la pareffe mere des vices, femblent
auoir autant de barrieres qui ferment l'ac-
cez à la grace & predication de l'Euangile. Ce que nous n'auançons pas pour diuertir les colonies qui y paffent, où plufieurs grands ouuriers font dignement employez, fouftenus tant par les charitez des
bonnes ames, (entre lefquelles il y en a
peut-eftre quelqu'vn de ceux de Monreal)
que des foins particuliers de Meffieurs de
chaque Compagnie qui les y entretien-
nent, mais au contraire nous les fouhait-
terions augmenter. Et qu'importe-il, dit
l'Apoftre, en quel païs? pourueu que par
tout Iefus-Chrift foit annoncé auec deffein, ou fans deffein, pour s'enrichir ou
s'appauurir, ou pour viure, ou pour mourir.

P

Nous vous supplierions seulement, si vous
nous en vouliez croire, de laisser aller en
Canada ceux qui sont inspirez d'y aller,
comme nous exhortons aux païs plus tem-
perez tous ceux à qui Dieu donne mou-
uement d'y passer ou contribuer. Nous a-
uons tous vn mesme maistre, & nous ne
comprenons point, comm'il se peut faire
que de sa part vous ayez autres témoigna-
ges de sa volonté pour vostre mission, que
nous pour la nostre, si nous les sçauions,
nous les respecterions en vous humblement, & salüerions de plus prés ces sainctes marques de vostre mission. Quant à
nous, nous sommes contens d'en rapporter à nos superieurs qui nous le permettent.
Aux choses qui ne sont pas de precepte, il
est licite de choisir ce qu'on estime meilleur,
Vous preferez le beau païs, riche, peuplé & fertile, c'est bien fait à vous. Le Canada ne vous agree pas, Dieu soit beni.
Aussi n'y a-il rien à gaigner que croix, fatigues, maladies, pauuretez & rigueurs de
la nature, mais nous vous certifions que
ce qui vous en donne degoust, c'est nos
delices.

Mais à voſtre aduis, les premiers ſainĉts Miſſionnaires de la Foy, qui ont penetré le fonds des Prouinces froides du Nort, comme, Suede, Friſe, Norvege & autres, qui en ce temps-là eſtoient plus affreuſes & barbares que Canada, ſe font-ils point eſpouuentez de tout cela ? & que deuiendront les Canadiens, ſi vous en eſtiez creus? qu'ont-ils fait à Dieu plus que nous pour eſtre exclus de la ſocieté humaine ? Souuenez-vous quand Dieu reprochoit à ſon bon ſeruiteur Iob, vn peu trop de liberté qu'il s'eſtoit donnée de parler de ſes iugemens, de crainte qu'il ne vous diſe, N'eſtiez-vous point des Miniſtres de mon Conſeil? quãd i'aſſignay pour demeure à ceſ pauures gens ces terres froides, pour me remonſtrer qu'il ne les falloit pas placer là, que puis que ie voulois enuoyer ma parole à tous les hommes, il valoit mieux leur donner de beaux païs de proche en proche, pour ſoulager mes ſeruiteurs de la peine qu'ils deuoient prendre de les viſiter vn iour de ma part ?

O mais, dites-vous, on n'y ſçauroit rien

faire de grand comme ailleurs. Parauen-
ture vous dites vray, mais Dieu nous garde de pretendre à chofes grandes. Abraham difoit à Dieu qui lui promettoit vne
grande & fi puiffante lignée lors qu'il n'a-
uoit point d'enfans de Sara, defia vieille,
pleuft à Dieu que le petit Ifmaël voftre
feruiteur viue feulement deuant vous. Ainfi difons-nous, pleuft à Dieu que ce petit
feruice que nous lui rendons, viue feulement deuant luy, fans en attendre autre
chofe.

Cependant vos difcours que i'eftime pro-
uenir d'inaduertance ou ignorance du fonds
de l'affaire, plus que de manquement de
charité & lumiere Chreftienne, fait tort
à ces pauures peuples, & refroidiffent de
les affifter, beaucoup de perfonnes puiffan-
tes & vertueufes, mais trop fcrupuleufes à
vous croire.

Quant à la legereté & impatience que
vous y apprehendez, comme vne imperfe-
ction de la nation, & de noftre focieté
mefmes, dautant plus que ce reproche tou-
che noftre fait, nous le receurons auec plus

de respect, de tendresse & de charité, a-
uoüans que vous auez penetré nostre foi-
ble, qui vous deuroit faire moins d'enuie
que de pitié, & ioindre vos prieres aux no-
stres pour y trouuer le remede, qui n'est
pas, graces à Dieu, si deploré que vous
pensez, & que par exercices vertueux, nos
imperfections naturelles ne puissent estre
corrigées. Ignorez-vous que le sage est par-
dessus les influences celestes, c'est à dire,
qu'encores que sa complexion ordinaire
fust suiete à estre inclinée par les mouuemens & conionicture des Astres; par exemple, à cholere ou legereté, il est neanmoins en son pouuoir de regler tellement
l'operation de la faculté superieure de son
esprit, qu'elle ne se portera à rien de vi-
cieux, quelque violence que l'influence lui
fasse. Et pourquoy faire ? les Astres si fer-
mes en leur deuoir auroient-ils pouuoir de
nous changer, & nous detraquer du nostre?
Ie m'en rapporte à S. Bernard & ses freres
qui ont si constamment surmonté leurs
passions par vne vie si austere. Et S. Guil-
laume d'Aquitaine, & le grand François

de Sales en noftre fiecle, & tant d'autres
faincts François fuiets à l'inconftance du
climat, qui ont efté des merueilles de fageffe & perfeuerance.

Ie vois bien ce que vous en penfez, que
nous ne fommes pas de leur taille. Il eft
vray, mais pourtant nous fommes de la
taille de leur condition, de mefme maffe,
peftris & moulez de mefmes mains du Souuerain, & contemperez fi nous voulons à
l'vfage de fa grace, auec laquelle nous pouuons éuiter le vice que vous reprochez.

Mais, finon que vous croiriez, que ce feroit vn reffentiment pour vous rendre la
pareille, nous vous auiferions en fecret,que
voftre deuotion donne vn peu trop à la nature, & à la prudence humaine, vous ne
pouuez rien laiffer faire à Dieu, ni à fa grace. Vous n'eftes pas accouftumé de nager
dans les eaux de la mer de fa Prouidence,
pour attendre de fa magnifique fageffe &
bonté infeparable de fa puiffance,tout ce
qu'elle vous fera entreprendre. Mais comment auez-vous peu mettre dans voftre
efprit, qu'appuyez de nos propres forces,

nous euſſions preſumé de penſer à vn ſi glorieux deſſein , que la conuerſion des Sauuages ? & que nous ne viſſions pas ce peu
que nous pouuons, & ce que nous ſommes de nous meſmes. Si Dieu n'eſt point
en l'affaire de Monreal , non ſeulement ce
que vous prediſez arriuera , mais pis que
cela. Mais ſi Dieu l'a ainſi voulu , qui eſtes-
vous pour contredire ? diſoit le Docteur
Gamaliel aux Iuifs en faueur des Apoſtres.
Que ſi c'eſt vne inuction humaine, ne vous
en mettez pas en peine , elle ne durera gueres. Mais apres qu'il eut dit cela que fit le
bon Gamaliel, il n'attendit pas d'autre preuue de la doctrine des Apoſtres, comme firent les Preſtres & les Docteurs de la Syna-
gogue, qui ſont encores à attendre; & ſe
ſeparant d'auec eux , ſe declara des Diſciples. De meſme appuyez ſur ſa parole, cro-
yans que cet œuure eſt de Dieu, nous n'en
recherchons d'autres ſignes que les deſſeins & les ſouhaits de ſon Egliſe, & les
effects que nous y voyons ſurpaſſans noſtre intelligence, & les mouuemens interieurs qui nous preſſent, & les ſaincts de-

firs & affections plus grandes & plus éle-
uées que noſtre cœur, en rendent témoi-
gnage à noſtre eſprit, auec des ſouſpirs ſe-
crets, & des gemiſſemens inexplicables
pour la perte de ces pauures ames.

Pour vous qui ne pouuez ni croire, ni
faire, laiſſez les autres en liberté de croire
ce qu'il voyent deuoir faire. Vous reſſem-
blez à ce Seigneur de Capharnaum, à qui
noſtre Seigneur reprocha, qu'il ne pouuoit
rien croire de luy, s'il ne voyoit des miracles. Et cependant vous aſſeurez, qu'il ne
ſe fait plus de miracles ; mais, qui vous l'a
dit ? où cela eſt-il eſcrit ? Au coòtraire, la
meſme verité a dit, que ſon pere operoit
continuellement, & qu'il operoit auec luy,
& que ceux qui auoient autant de foy comme eſt vn grain de moutarde, feroient en
ſon nom de plus grands miracles. Depuis
quand eſtes-vous venu, le directeur des o-
perations diuines ? pour les reduire à certain temps, & dans la conduite ordinaire.
Si nous ne voyons plus de choſes extraor-
dinaires, ce n'eſt pas que Dieu n'en produiſe
touſiours en quelque partie du monde, &
quel-

quelquefois à nos yeux, mais où nous ne
les voulons pas receuoir, où ils ne viennent iufques à nous. Et nous n'auons auffi
pas befoin pour Monreal de miracles, le
moindre concours de fes graces, eft plus
que fuffifant pour le fuccez de ce petit ouurage. Ie dis petit, parce que s'il eft trop
haut & trop grand pour vous, & pour nous,
mais pour luy, il eft trop bas & petit, &
auffi peu à propos que le refte eft la pro-
phetie que vous faites de la rupture de noftre focieté, en laquelle dites-vous que quelques-vns fe refroidiffent defia de contribuer. Mais quand cela feroit, doutez-vous
que s'il y en a qui s'en retirent fans raifon, la
grace que Dieu leur auoit preparée pour cela, ne foit pas donnée à d'autres? & penfez-
vous qu'vne focieté apellée de Dieu à l'efta-
bliffement d'vn deffein particulier, ait befoin d'eftre perpetuelle? Nous fçauons auffi bien que vous qu'elle fe diffoudra quelque iour. Et nous faifons des vœux à Dieu
que cela foit, afin que les François & les
Sauuages qui refideront de part delà, fe
puiffent paffer de nous par leurs labeurs &

Q

induſtries. Mais quand Dieu la defferoit plutoſt, ce n'eſt pas choſe extraordinaire que
ceux qui commencent vn ouurage, ce ne
ſont pas ceux qui l acheuent, noſtre Seigneur diſpoſant mieux & pour les vns &
& pour les autres, afin que faiſant repo-
ſer les premiers de leurs trauaux, dont ils
n'ont peu voir le fruict, pendant que les
derniers acheuent, l'eſperance bien‑heu-
reuſe de ceux-là ne ſe conſomme ſans les
autres.

Concluſion du ſujet.

LA premiere fois qu'il pleut à Dieu me
donner la penſée de conſiderer à fonds
le ſuiet de Monreal, il ſe preſenta à mon
eſprit, comme le part d'vn' ourſe deliurée de
ſes petits, au commencement ils ne paroiſ-
ſent qu'vne maſſe de chair, informe, con-
fuſe, & qui fait peur à voir de prez, mais
ſi toſt que la mere les a lechez, polis &
eſchauffez, on eſt tout eſtonné de voir peu
à peu ces petits animaux parfaits de leurs
membres, & capables de réiouïr leur mere.
Ainſi en eſt-il du part de Monreal, ceux

qui l'ont enfanté, d'abord ne sçauoient où
il deuoit aboutir, ils n'y voyoient que choses à faire peur d'y penser, incertitude par
où commencer, point d'ordre pour execu-
ter, ni veüe à le pouuoir acheuer. Mais
aussi-tost que nostre ourse celeste, à la
gloire de laquelle ce fruict deuoit estre
consacré, eust daigné impetrer de son Fils
de faire approcher la langue des effects
de sa Prouidence, pour en lecher cet ouurage, le polir & lisser du verre de sa lumiere, & le rechauffer du rayon de sa grace, comme il arriue aux œufs de l'autruche,
qu'elle abandonne dans les sables ardens,
sans se soucier de les couuer, ni que les autres animaux passans les écrasent, à qui
Dieu a osté le sens, pour en instruire les
hommes dans les choses plus deplorées à
se confier en sa puissance, qui suppleant à
la cruelle insensibilité de la mere par la
chaleur du Soleil, eschauffe le sable, & fait
si bien couuer ses œufs, que les petits sor-
tent si forts de la coque, qu'ils se moquent
apres, à la faueur de leurs aisles, du caua-
lier qui les chasse.

Ainſi nous , combien de fois auons-nous
reietté les bons deſirs & conceptions que
Dieu en imprimoit en nos cœurs, les expo-
ſans à l'ardeur des tentations , au paſſage
des ſuggeſtions , & à la rigueur des iugemens du monde, s'ils n'euſſent eſté couuez
de la chaleur de ſon eſprit pour les eſclorre,
& faire que de leur vol ils peuſſent non
ſeulement deffier le chaſſeur infernal, mais
réioüir & honorer vn iour de leur ſeruice
leur tres-digne mere.

De façon que repaſſant ma veüe ſur le
corps de ce ſuiet de Mōreal, ie fus touché de
le voir tout autre, déuelopé de ſes rides, ſi
formé en ſes parties, & ſi fleuri d'eſperance & de pluſieurs veritez agreables aux
ames qui viuent dans les douceurs de la grace, que ie ne ceſſay d'admirer la ſageſſe de
la diuine Prouidence , lors qu'elle diſpoſe
choſes grandes qu'elle fait naiſtre de ſi baſ-
ſes, ſi foibles & ſi petites, que de là les hommes prennent ſuiet de s'en rire, & les dé-
crier, afin que par apres parmi les difficultez,
murmures & empeſchemens, les choſes ve-
nans à s'éleuer à la veüe du monde, ils ayent

autant plus d'occasion d'en glorifier Dieu que ses seruiteurs se sont acquis de merites par les peines, mespris & souffrances qu'ils y ont receües. Ce qui m'a obligé de remplir cet escrit de ce que i'en peux conceuoir, dont ie feray ici vn sommaire pour aider à l'intelligence & à la memoire

C'est donc le bon plaisir de Dieu d'appeller tous les hommes à la vie eternelle, & à cet effect enuoyer l'ambassade de cette heureuse nouuelle par tout le monde, & malheureux est celuy qui peut & ne veut en toute sa vie, concourir au dessein de Dieu.

Auquel tous les Chrestiens de l'vn & l'autre sexe, chacun selon son pouuoir, ont telle part que dés la naissance de l'Eglise les Ecclesiastiques & Laiques, ont tenu à tres-grand honneur de contribuer à cet employ, selon les temps & les lieux qu'il a pleu à Dieu choisir, n'y ayant point de plus vtile & glorieux exercice que celui des œuures de misericorde spirituelle, preferables aux bonnes œuures corporelles, & principalement de vaquer à celles qui aident au salut des ames, qui tiennent le premier rang. Si

Q iij

bien mesmes que de contribuer de ses aumosnes à la conuersion des ames, c'est vn
œuure qui participe au merite & à la recom-
pense des œuures spirituelles, entre lesquelles celles-là sont mieux appliquées où il y a
plus grande & plus importante necessité,
comme est celle des Infideles, infectez toute leur vie du peché originel pour le remede
duquel nostre Sauueur est principalement
venu au monde, qui pour ce suiet nous a
specialement obligez de l'acquitter de ses
promesses vers les Infideles accessibles, entre lesquels il n'y en a point (qui nous ayent
esté cognus iusqu'à present) de plus aban-
donnez de secours spirituel que les Sauuages de la nouuelle France, (leur necessité
sans le secours des François, estant inéuita-
ble & irreparable, & leur ignorance inuincible & incurable, suiuie d'vn' extreme misere corporelle.) Et pour les guerir Dieu a en-
uoyé les François penetrer auant dans leurs
terres, & fait cognoistre de iour en iour qu'il
a agreable la deuotion des ames qui y cooperent par beaucoup d'effects particuliers,
& preuues qu'il en a donné mesme pour

le deſſein de Monreal, qui pourra eſtre au temps à venir, d'auſſi grande gloire à Dieu, honneur à l'Egliſe, ſalut aux ames, & vtile à ce Royaume, qu'il ſera de benediction grace & gloire particuliere à tous ceux qui y contribuent & qui y ſeruent.

Sans que pour le ſecours que l'on y donnera les charitez ordinaires bien reglees s'en trouuent diminuees.

Au nom du Pere, & du Fils, & du S. Eſprit.

www.ingramcontent.com/pod-product-compliance
Lightning Source LLC
Chambersburg PA
CBHW051740090426
42738CB00010B/2346